토빗기와 융심리학

토빗기와 융심리학
(토빗기의 심리학적 해석 : 남성심리를 중심으로)

본 저작물의 무단전제와 복제를 금합니다.

지은이 | 김 덕 규
펴낸 날 | 2019. 7. 12
펴낸 곳 | 융심리학 연구소
주   소 | 서울시 송파구 충민로 151, 206-603
E-Mail | k-dukkyu@hanmail.net
ISBN | 979-11-966598-1-3

책 값은 뒤표지에 있습니다.
융심리학 연구소 임시카페 : 다음카페 융심리학 연구소

(서체는 나눔체를 사용하였습니다.)

토빗기와 융심리학

(토빗기의 심리학적 해석 : 남성 심리를 중심으로)

김 덕 규 지음

융심리학 연구소

차례 The Book of Tobit and Jungian Psychology

지은이의 말 * 6

제1장 | 들어가며
　1. 왜 토비트기인가? * 12
　2. 토빗기의 문헌적 개관 * 22
　3. 토빗기의 심리학적 해석을 위한 전제 * 24

제2장 | 토빗기의 줄거리 * 28

제3장 | 시신을 매장하고 실명하는 토비트
　1. 사로잡힘 : 응고 * 32
　2. 그림자의 문제에 대하여 * 34
　3. 집단 정신의 일방성 * 37
　4. 새의 이중적 특성에 관하여 * 40
　5. 원초적 질료로서 똥 : 니그레도 * 46

제4장 | 토비트와 사라의 기도
　1. 부성 콤플렉스와 부정적인 아니무스의 문제 * 52
　2. 적극적 상상으로서 기도 * 63
　3. 동시성에 관하여 * 71

Psychological Interpretation of the Book of Tobit

제5장 | 토비야의 모험
   1. 길동무 : 천사 라파엘과 개 ★ 76
   2. 물고기의 이중성 ★ 92

제6장 | 사라의 치유와 혼인
   1. 토비야와 사라의 만남 : 신의 섭리 ★ 101
   2. 숫양을 먹는 토비야 ★ 106
   3. 불의 작업 : 연소 ★ 112
   4. 토비야와 사라의 결합 ★ 123

제7장 | 신의 빛을 보는 토비트
   1. 토비트의 치유 : 신의 빛 ★ 127
   2. 시대정신과 개신의 문제 ★ 135
   3. 환시의 사건 : 숨어계신 신 *Deus absconditus*의 문제 ★ 140

제8장 | 나오며 : 우리의 과제 ★ 143
참고문헌 ★ 148
찾아보기 ★ 151

■ 지은이의 말 ■

　　융 심리학(분석심리학)을 접하고 분석을 시작한지 20여 년이 되어간다. 긴 시간의 공력에 대한 하나의 산물로 첫 글이 빛을 보게 되었다. 불가피한 외적 조건으로 생각보다 이 글이 세상에 빨리 소개된 듯하다. 목사인 나에게 있어서 주된 관심은 융 심리학과 기독교(종교)간의 상호 대화와 조화의 가능성을 모색하는데 있다. 그 가능성의 첫 지점은 성서의 본문(종교 문헌)을 융 심리학적 관점으로 해석하는 일이다. 1993년에 교황 요한 바오로 2세Pope John Paul II는 성서해석의 다양한 입장을 칙령으로 공포하였다. 그 칙령은 성서의 심리학적 그리고 정신분석적 해석Psychological and Psychoanalytical Approaches의 유용성에 대하여 기술The Interpretation of the Bible in the Church" Presented by the Pontifical Biblical Commission to Pope John Paul II on April 23, 1993 (as published in Origins, January 6, 1994) 참고하라한다. 이런 가톨릭의 성서에 대한 해석학적 입장은 동시대와 다가올 세대에게 결정적으로 중대한 통찰과 의미를 새롭게 부여할 수 있는 길을 열어놓았다. 상징의 보고이자 심리학적 교본으로서 성서가 심리학적 관점으로 읽혀질 때 성서의 의미는 지금까지 해명할 수 없었던 많은 성서의 물음과 간과했던 지점에 하나의 실마리를 제공하고, 성서의 언어가 오래된 옛 이야기가 아니라 지금 여기에서 우리 모두에게 더욱 생생하게 살아있는 것으로 경험할 수 있게 할 것이다.

토빗기는 가톨릭에서는 익히 잘 알려진 내용이지만 개신교인들에게는 낯선 내용이다. 토빗기는 정경에서 제외된 외경이며, 가톨릭은 이 외경의 문헌(토빗기)을 공식적인 성서(공동번역)로 포함시켰다. 토빗기는 성서의 본문들 가운데서 흥미진진하고 드라마틱한 이야기 구조를 지니고 있음에도 불구하고 오직 교훈의 말씀(자선과 의로움)에만 치중하여 이해되었고, 설교되어 왔다. 이 글은 그동안 간과해왔던 토빗기에 대한 새로운 통찰을 위해 융심리학적 관점으로 해석을 시도한 결과물이다. 이 책은 기독교 신학과 교리에 익숙한 분들에게는 대단히 낯설 수 있으나 심리학적 지식을 어느 정도 지닌 독자라면 다양한 융심리학 관점을 생생하게 접할 수 있고, 궁극적으로 기독교인을 넘어서 현대 문명인과 우리의 세계에 전하는 강력한 메시지를 들을 수 있으리라 기대한다.

토빗기에 등장하는 실명한 토비트와 그 아들 토비야를 통하여 벌어지는 이야기 속에서 그림자의 문제, 집단정신의 일방성의 문제, 새와 똥의 이중적 특성, 부성콤플렉스와 부정적 아니무스, 적극적 상상으로서 기도, 동시성의 문제, 토비야의 여정에서 길동무였던 천사 라파엘과 개, 물고기의 상징적 의미들, 불의 작업, 다시 하느님의 빛을 보게 하는 아버지의 재생의 문제와 환시의 사건(숨어계신 하느님)을 통하여 종교적 개신의 문제를 다루었다.

토빗기에 등장하는 상징들(예를 들어 개, 물고기, 불 등)과 개인 사례의 꿈들에서 동일한 상을 연결하면서 그 의미를 실제적인 경험의 차원에서 해석해보았다. 시공간을 넘어 이런 상징은 여전히 우리에게도 지금 여기에서 체험된다.

이런 상징과 관련한 꿈을 주의깊게 살펴본다면 보다 실제적으로 이야기들을 경험하게 될 것이다. 이런 면에서 개별 사례의 꿈을 제공한 이들에게 깊은 감사를 전한다. 꿈 분석을 통하여 상담을 시작한 이래로 어줍지 않은 분석에서도 나와 함께 했던 많은 피분석자들이 있었기에 오늘의 내가 있었음을 고백하지 않을 수 없다. 그들의 꿈은 내가 무의식의 표명된 언어, 상징을 이해할 수 있도록 귀한 길잡이 역할을 했다. 나의 모든 피분석들(그들의 의식과 무의식)은 나의 꿈 선생들이었다. 그렇기에 그들에 대한 고마움은 나의 가슴 한 귀퉁이에 늘 간직되어 있다.

나는 '피분석자'라는 용어를 대단히 좋아한다. 이 표현은 내담자를 환자로 보지 않고, 분석가와 피분석자를 동등한 관계로 설정한다. 이것은 C.G. 융이 그의 피분석자를 대면할 때 늘 품고 있었던 종교적인 태도이기도하다. 분석가는 피분석자의 무의식, 그의 정신세계, 하나의 우주를 다루고 있기 때문에 결코 낮게 보아서는 안 된다. 이 책은 나와 함께 했던 모든 피분석자들이 있었기에 가능한 것이었다.

또한 이런 해석적 관점을 어느 정도 구조화하고 체현하기까지 나의 긴 걸음의 안내자였고, 첫 스승이었던 심상영 박사님(한국 심층심리 연구소), 지도분석을 통하여 융심리학적 지평을 넓혀주신

이유경 소장님(분석심리학 연구소), 그리고 스위스 심층심리 연구소에 입학하여 지금까지 나를 지원해주시고, 지도해주시고, 융의 정신이 무엇인지를 일깨워주시고, 특히 이 원고에 대하여 조언해 주신 한수엘리 에터 박사님께 진심어린 감사를 드린다.

그동안 성실하게 목회를 했고, 목회 외 개인적 시간은 융심리학으로 채워왔다. '바보스럽게', '꾸준히' 이 두 단어 외에 나에겐 특별한 기술이 없었다. 그러나 이런 나의 삶이 누군가에는 견디기 힘든 시간이었다. 결혼 후 18년 동안 가성비 없는 융심리학 공부에 매달리면서 시간과 에너지를 소모하는 동안, 그 누구보다도 많은 것을 비워내기도 하고, 속상해 하기도 하고, 때로 소외를 경험하면서도 나의 길을 지원해주고, 따라와 준 나의 아내, 은주가 있었기에 이 책은 세상에 얼굴을 드러냈다. 온 마음을 담아 아내에게 감사와 사랑을 전한다. 이 지은이의 말을 쓰고 있는 날이 마침 결혼기념일이다. 이 책은 나를 오롯이 참아내 준 아내 은주를 위한 선물이다.

마지막으로 독자들이 이 책을 통하여 숨어계신 하나님을 발견하고, 저마다의 삶에서 하나님의 아름다움(현시된 신성)을 보고, 가슴 속 깊은 곳에 작은 울림이 있기를 기대한다.

2019년 6월 6일
적막한 도시의 어둠을 바라보며
김덕규

제1장 | 들어가며 Introduction

1. 왜 토빗기인가

2. 토빗기의 문헌적 개관

3. 토빗기의 심리학적 해석을 위한 전제

1. 왜 토빗기인가?

성서는 오랜 세월 동안 전승되고, 기록되고, 편집되는 과정에서 형성된 거룩한 글들이다. 이런 과정은 종교적인 이야기 또는 내용이 집단의 공유를 통하여 집단의 지배적인 내용이 되고, 종교적인 내용으로 의례화되고, 집단의 중심원리가 된 것이다. 모든 경전들이 그러하듯이 성서는 시대적이고, 전통적인 상황 그리고 개인적이고 집단적인 특수한 경험으로부터 생성되었다. 심리학적으로 보자면, 성서는 신화나 민담처럼 원형의 진술이자 그것의 현시이자 작용으로 이루어진 것이다. 융이 언급했듯이, 성서는 '심혼의 표현', 즉 객체정신의 자기 현시의 내용이다.

나는 한 걸음 더 나아가 심리 만능주의라는 위험을 무릅쓰고, 성서의 말씀 역시 심혼의 표현이라고 생각한다. 의식의 진실은 기만, 거짓, 그 밖의 임의적인 것일 수 있으나, 심혼의 진실인 경우에는 결코 그렇지 않다. 즉 심혼의 진술은 의식을 초월하는 진실을 가리킴으로써 항상 우리의 이성적 사고를 넘어간다. 이 엔티아^{entia} 실제들는 신화적 모티브의 양식으로 표상 콤플렉스를 야기시키는 집단적 무의식의 원형들이다.[1]

---

1) Jung CG(한국융연구원, C.G. 융 저작번역 위원회 옮김)(2007) : 융기본 저작집 4권《인간의 상과 신의 상》, 솔 출판사, 서울, p301.

성서는 인간의 삶과 마음, 신성한 경험을 통하여 드러나는 이미지 즉 집단 무의식의 원형상을 이해할 수 있는 '정신의 보고'라 할 수 있다. 외경으로서 토빗기는 가톨릭 성서에서 등장하는 본문이다. 지금까지 토빗기는 암브로시우스^{Ambrosius}, 대 바실리우스$^{Basilius\ Magnus}$나 아우구스티누스^{Augustinus} 등의 교부들에게 자선과 의로움 곧 사회적 차원의 사랑과 정의의 실천[2]이라는 관점에서 이해되어왔다. 토빗기는 하느님의 뜻에 따라 의롭게 산 자에게는 하느님의 보상이 주어진다는 구도에서 교훈적으로만 설교되어 왔다. 그러나 토빗기는 심리학적 관점으로 개성화과정의 하나의 본보기를 보여주고 있다는 점에서 중요한 의미를 담고 있다.

심리학적 개념으로 개성화가 자아와 자기가 만나는 과정이라 고려할 때 토빗기는 개성화과정에서 일어나는 그 만남을 흥미롭게 기술하고 있다. 그 과정에서 자아와 자기의 발전 관계를 엿볼 수 있게 된다.[3] 더 나아가 이 본문은 낡은 집단정신의 개신^{改新}을 통한 집단의 의식화라는 중대한 문제를 우리와 우리의 시대에 제시하기 때문에 이 본문을 과소평가하고, 일방적으로 해석해왔던 것을 재고해야만 한다. 이 텍스트가 심리학적 관점으로 이해됨으로써 그 성서의 이야기가 단지 역사적이거나 교훈적인 진술과 사건을 넘어서 반복적으로 등장하는 원형상과 그 영향으로 드러나는 사건들을 표명한 것이며, 결국 이런 이야기는 우리에게도 경험적으로 인식되고, 한 개인의 의식의 확장을 도모한다.

---

2) 암브로시우스, 최원오 역주(2016) : 《토빗이야기》, 분도출판사, 칠곡, p21.
3) 성서는 바로 이런 자아와 자기의 발전관계를 포착할 수 있는 심리학적 교본이다.

특별히 토빗기가 나의 마음에 다가온 이유는 정경으로 인정된 성서 본문들에서 등장하지 않는 독특한 이미지와 내용들 때문이다. 성서에서는 개가 부정적인 의미로 인식되는데 반하여 토빗기에 등장하는 개는 토비트의 아들인 토비야와 함께 아버지의 잃어버린 돈을 찾는 여정의 길동무가 된다. 또한 라파엘 천사가 인간의 모습으로 나타나고, 구체적으로 토비야의 길을 안내하는 길잡이 역할을 한다. 길을 가던 도중에 잡은 물고기의 내장이 악귀를 쫓아내고, 눈 먼 토비트를 치료하는데 쓰인다. 이런 내용들은 정경에서는 찾을 수 없는 낯선 상징들이다. 또한 토빗기에서 등장한 인물상들은 원형상의 특성을 드러낼 뿐 아니라 구체적인 개인의 심리를 적절하게 잘 드러내고 있다. 무엇보다도 눈 먼 아버지를 치유하고, 그 아들 토비야가 결혼하는 내용은 개인은 물론 낡은 집단정신이 새로운 정신과 생명의 원리에 의해 개신되는 정신과정을 이해할 수 있는 중요한 문제를 다루고 있다.

나는 토빗기와 관련된 해석을 위해 기초작업을 하다가 여러 이유로 창조적인 작업을 미루고 있었다. 그러던 중에서 2018년 1월 17일에 인상적인 꿈을 꾸었다.

나는 한국 전통 상여가 진행되는 행렬의 맨 앞에서 한 손에 횃불, 그리고 다른 손에는 등 같은 것(동방정교회에서 사용하는 것과 비슷하다)을 흔들며 연기를 피우며 가고 있다. 산에 있는 마을의 집을 다니며 무언가 정화의식을 하고 있는 것 같다. 마지막 집을 지나 산길을 가다가 막다른 길에 다다른다. 이 지역

이 개발됨으로써 안쪽에 깊은 마을로 가는 길이 끊긴 것 같다. 나는 어떤 시골 버스 정류장 같은 곳에 있는데 거기서 L와 L의 언니를 만난다. 부모님의 기일을 보내기 위해 언니가 L의 집에 온 듯 하다. 부모님은 돌아가셨지만 L은 그 산 깊은 곳에서 작년에 태어난 아이를 돌보며 홀로 살고 있다. 내가 그동안 L에게 무관심했고, 이제 그녀의 집에서 데리고 나와 내가 사는 곳에서 아이를 기르도록 도와주어야겠다고 생각한다. L의 얼굴을 보니 예전에 지적장애의 모습이 아니라 단아해지고 예뻐지고 정상인처럼 보인다.

이 꿈에서 등장하는 꿈의 자아는 죽음의 의식을 통하여 무의식에 있는 구조물, 즉 어떤 인격의 태도를 새롭게 정화하고 의식화하기 위해 의례를 행하고 있다. 그리고 깊은 산속에 홀로 사는 L은 내가 디플롬 논문을 쓸 때 나의 꿈에 등장하여 아이의 목욕 작업을 도왔던 지적 장애가 있는 여성상이다. 그 당시 그 여성상은 순수하고, 단순한 형상이었다. 그런데 이 여성적 요소는 더 이상 지능이 떨어지거나 장애를 가진 형태가 아니고, 아름다워졌으며, 아이를 낳아 기르고 있다.4) 이 꿈은 무의식의 영역에 있는 창조적인 작업을 돕는 감정 원리와 새로운 미래의 가능성을 의식의 영역으로 데려와야 할 과제를 나에게 일러주는 것처럼 보였다. 며칠 뒤인 1월 21일에 다음과 같은 꿈을 꾸었다.

---

4) 연금술사의 말처럼 "영혼은 단순하다." Jung CG(1983) : *Alchemical Studies*, C.W.13, Princeton University Press, Princeton, par117 f.n. 나는 여기에 더하고자 한다. "영혼은 단순할 뿐 만 아니라 성장하고 변화한다".

나는 16세기 풍의 나무로 만들어진 큰 건물, 작업실 같은 곳에 있다. 나는 2층 난간에서 있는데 옆에 한 여성 분석가가 그림을 그리려 한다. 내 앞에는 굉장히 큰 캔버스가 있다. 나는 캔버스 위에 유화물감을 가지고 손으로 그리기 시작한다. 나는 어떤 형상을 만들어서 그림에 붙이기도 한다. 그 그림은 평면이 아니라 입체 그림처럼 만들어졌다. 나는 한참을 색칠하고 나서 뒤로 물러서 그려진 그림을 본다. 그림의 바탕색은 파랑과 검정색이 섞여 있고, 그 바탕색에 흰색 테두리에 독특한 문양을 가진 물고기가 그려져 있다. 나는 그 그림을 보고 놀란다.

그 순간에 뒤에 있던 폰 프란츠가 나를 부른다. 나는 아래층으로 내려가서 그녀와 만난다. 그녀는 60대의 모습인 듯 했고, 나에게 "작업을 계속 해라"고 말한다. 그리고 내가 작업하는 모습을 뒤에서 계속 보았는데 작업에 필요한 내용을 자신의 책상 위에 있는 흰 종이에 적었고, 몇 권의 얇은 고서적을 주면서 밑줄을 그어놓았다고 말한다. 그 서적은 누렇게 바래 있었고, 작은 크기이다. 그 책을 받아 들고, 펼치니 그림 같은 것이 있고 여러 군데 밑줄이 그어져 있다.

그녀의 책상으로 가니 그녀의 책상은 대단히 컸는데, 책상 위에 흰 종이가 있고, 한글로 된 글씨가 쓰여 있다. "내가 너의 작업을 뒤에서 지켜보았다. 계속 작업을 해라" 그 종이의 아래쪽에는 한글로 다른 글이 적혀 있다. 나는 너무나 가슴이 벅찼다. 그리고 앞을 보니 2층 난간 옆으로 세 명이 등을 진 채 무언가 작업을 하고 있다. 두 명의 외국인 여성과 스위스 심층심리연구소의 분석가 전문과정에 있는 한 남성이 작업을 하고 있다. 그들은 동그란 유리 렌즈를 가지고 무언가를 하고 있다.

나무로 만들어진 건물은 정신의 구조물로서 작업 공간, 하나의 용기로 고려되어진다. 나무는 산이나 숲을 형성하는 것으로서 무의식의 구성물로 이해할 수 있다. 나무는 인간의 삶에 있어서 가장 오래되고, 가장 중요한 재료로서 활력적 요소와 연결된다. C.G. 융은 나무의 이미지가 모성성 또는 여성성 뿐 만 아니라, 남근적 상징을 예시하고, 그것이 지닌 양성적 성격을 강조하면서 나무를 리비도의 상징으로 보았다.5) 자연적 성장을 의미하는 나무는 "철학자의 나무"에서 변환 과정의 발전과 그 국면, 개성화 과정을 의미한다. 신화적으로 숲의 요정과 나무의 요정 등은 자연의 영이자 나무의 영이다. 그들이 나무에 거주하기 때문이다. 로이스너^{Reusner}의 〈판도라^{Pandora}〉(1588)에서는 나무를 횃불을 든 여인으로 묘사되는데, 그녀의 왕관 쓴 머리로부터 나무가 자란다.6) 이런 나무는 여성적인 영으로 의인화된다. 융은 "알드로반두스^{Aldrovandus}의 해석을 인용하며 참나무를 여성적인 영으로, 샘의 원천이자 홈통으로서 용기로도 이해하였다. 고대로부터 나무는 사람의 출생지이므로 생명의 원천, 자궁으로 간주한다. 뱀을 닮은 메르쿠리우스는 그림 형제의 동화, '병속의 영'$^{The\ Spirit\ in\ the\ Bottle}$에서 나무 신으로 등장하기도 한다."7) 결국 나무에는 영 또는 신이 거주하며, 그곳에는 영 또는 신의 사고가 각인되어 있다고 볼 수 있다. 나무는 정신이

---

5) Jung CG(1976) : *Symbols of Transformation,* C.W.5, Princeton University Press, Princeton, par324.
6) Jung CG(1993) : Psychology and Alchemy, C.W.12, Princeton University Press, Princeton, p419. fig.231.
7) Jung CG(1989) : *Mysterium Coniunctionis,* C.W.14, Princeton University Press, Princeton, par72-75.

각인된 것으로서 무의식의 활력을 주는 요소로 고려할 수 있다. 이런 의미에서 나무로 만들어진 정신의 구조물은 창조적인 작업을 위한 용기가 된다.

그런데 꿈은 목조건물이 16세기 유럽풍임을 일러주고 있다. 유럽에서 16세기는 커다란 문명의 전환이 일어났던 시기이다. 당시 유럽 사회는 15세기로부터 싹튼 르네상스가 구체화된 시기이다. 르네상스는 오랜 십자군 전쟁(1095-1456년)과 오스만제국의 침입으로 동로마제국의 멸망(1453년), 프랑스와 영국의 백년 전쟁(1337-1453년), 그리고 14세기 중반, 수천 만 명을 죽음으로 몰고 간 페스트^{pest} 사건들로 인하여 본격적으로 촉발되기 시작한다. 이런 대극의 갈등을 야기하는 전쟁과 인간에게 죽음을 야기하는 악의 요소는 문명의 전환과 인간 의식의 발전, 개인과 집단의 의식화를 초래한다. 르네상스와 대분열의 시기$^{Great\ Schism}$는 신의 정신으로 이해해왔던 천동설적 세계관이 퇴색하고, 인간의 정신이 태동하던 때였다. 르네상스는 인간의 의식이 비로소 깨어난 시기로 중세까지 '신은 누구신가'를 묻던 물음에서 '인간은 누구인가'라는 질문이 본격화되었고, 모든 예술의 주제가 인간과 자연의 아름다움을 문장과 화폭에 담아내었던 시기였다. 황도가 두 번째 물고기의 꼬리에 있는 자오선과 교차하는 점이 대략 16세기로 종교개혁 시기이다. 16세기는 교황권의 부패에 대항한 마틴 루터의 종교 개혁(1517년)이 일어남으로써 도시국가의 분권화, 기독교의 분열, 개별 인간의 중요성이 본격화되었다. 이런 개혁에 대항하기 위해 트리엔트 공의회8)가 개최되고 암묵적으로 무염시태$^{Immaculate\ Conception}$교리를 승인한다. 이 교리에 대한 암묵적 교리의 승인은 여성적 원리에 대한 가치를 부여한 것이고, 분열하는 시대에 여성적 가치가 증대된 것임을 제시한다. "16-17세기는 형이상학에 바탕을 둔 세계로부터 내재주의적인 설명원리의 시대로의 전환의 시기였다... 무의식에서 들끓고 있었던 것이 자연과학의 엄청난 발전 속에서 결실에 이르렀으며 그 마지막이 경험심리학이었다."9) 결국 16세기 나무 건물은 바로 경험심리학의 작업을 하는 공간이며, 특히 16세기 개신교의 전통에서 배제된 상징을 연구하며 상을 가지고 작업하는 영역으로 이해할 수 있다. 이 꿈은 새로운 전환과 경험심리학의 시작이 이루어진 때부터 존재해왔던 정신의 구조물에서 어떤 창조적인 작업이 수행되고 있음을 드러내고 있다.

 그림을 그리는 과정은 무의식을 형상화하는 것으로 무의식의 내용을 구체화하는 작업이다. 그 작업은 유화로 그리는 것으로 어떤 이미지를 창조하고, 감정과 정서를 담아낸다. 그런데 그려진 것은 바탕이 검은색과 파랑색, 그리고 흰색의 테두리 모양을 가진 물고기 모양이다. 검은색과 청색 바탕으로 그려진 물고기는 물고기의 이중적 특성을 잘 대변한다. "검은색은 무채색으로 검은 대지, 검은 물질에 해당한다. 대지에 속박된 신인 목성의 색으로 한계와 우울의 색이다. 아침의 여신 이시스는 검은 외투를 입고 검은 색으로 모든 것을 감추는데 그녀의 검은 자궁은 죽음 후에 새

---

8) 트리엔트 공의회(1545-1563)는 원죄의 일반성을 다루면서 하느님의 어머니를 포함시켜서 이해하는 것을 원하지 않는다고 분명하게 선언한다. 공의회의 이런 결의는 원죄의 보편성에서 제외되는 유일한 예외로서 마리아를 암묵적으로 인정한 것으로 원죄 없이 잉태된 유일한 인간임을 드러낸 것이다.
9) Jung CG(1989) : 앞의 책, C.W.14, par53.

로운 탄생을 하게 하는 신비한 힘을 지니고 있다. 검은 성모는 이런 치유와 재탄생의 힘을 지닌다. 검정은 전망할 수 없고, 방향감을 가질 수 없는 어둠으로 의식의 상실, 죽음, 혼돈, 두려움, 우울, 심지어 악마를 대변한다."10)

파랑색은 하늘, 바다, 강, 공기, 얼음, 차가움으로 연상된다. 이것은 영원성, 정신성, 깊이에 대한 갈망, 내향성을 대변한다. 이 색은 빛의 스펙트럼에서 자외선 쪽에 위치함으로 정신적인 것, 의미있는 질서를 생성하는 것으로 고려할 수 있다. 그러나 이 색은 차갑고 경직됨, 현실의 상실, 정서적 우울감으로 이해할 수 있다.11) 이런 검은색과 파랑색은 대지적인 요소와 정신적인 요소의 이중적 본성을 나타낸다. 두 가지 색이 함께 사용된 것은 원형상이 가진 역설적이고, 상반되는 본성을 아우르고 있는 특징이자 두 가지 색의 혼재된 특성을 드러낸다.

이런 물고기 바탕색 위에 하얀색 테두리가 그려진다. "하얀색은 광선의 색을 모두 흡수하는 색으로 순수함, 감정의 부재, 죽음과 관련된 애도의 색이기도 하지만 우유나 소금처럼 생명과 연결되는 색이다. 특별히 하얀색은 세례, 성찬, 결혼, 장례 등 종교적 제의나 통과의례에 입는 옷으로 새로운 갱신과 이행을 위한 색을 상징한다."12) 연금술에서 이런 알베도^{Albedo}, 백화는 정화, 분리, 추출을 통하여 구체화되고, 형상화되는 과정이다. 상반된 두 가지 색

---

10) Abt T, 이유경 역(2005) : 《융심리학적 그림해석(Introduction to Picture Interpretation)》, 분석심리학연구소, 서울, p104.
11) Abt T, 이유경 역(2005) : 앞의 책, p92.
12) Abt T, 이유경 역(2005) : 앞의 책, p107.

으로부터 흰색의 작업을 통하여 어떤 경계를 설정하고 형상을 표현함으로써 진정한 실체가 드러낸다. 그것은 독특한 문양을 가진 물고기이다. 무의식의 활력적 내용물을 대변하는 물고기의 상징은 본문의 내용(물고기의 이중성 부분을 참고하라) 가운데 좀 더 다루고자 한다. 이런 무의식의 창조적 내용의 출현은 꿈의 자아를 놀라게 하고 고무시킨다. 놀람은 그 자체로 창조적인 것임을 의미한다.

그때 후면에서 폰 프란츠는 꿈의 자아를 부른다. 꿈의 자아는 나무 계단으로 내려와 아래층에서 그녀와 만난다. 이것은 위의 영역, 지성적인 영역에서 내려와 실제적이고 구체적인 현실로 내려오는 것을 가리킨다. 융심리학의 창조적인 여성적인 영과 지혜를 대변하는 폰 프란츠는 꿈의 자아에게 작업을 계속할 것을 지시하고 있고, 그 작업을 지지하고 돕기 위해 고서적을 건넨다. 오래되고 누렇게 바랜 책은 무의식의 이미지와 메시지가 담긴 '객체정신의 지혜의 보고'일 것이다. 이런 책은 집단 무의식 속에 담겨있는 집단의식의 침전물로서 원형적 지혜를 담고 있다고 볼 수 있다. 그녀가 주는 창조적인 영감, 정서적인 활력은 깨어나서조차 나를 감격스럽게 했다. 나는 나의 과제를 더이상 미룰 수 없는 엄중함을 인식하고, 작업을 진행하게 되었다.

2. 토빗기의 문헌적 개관

전통적으로 기독교는 구약성서를 네 부분, 모세오경, 역사서, 성문서(시가서와 지혜서), 예언서로 나눈다. 이런 배열은 헬라어역인 칠십인역^{Septuagint}을 기준으로 결정되어졌다. 신약성서를 기준으로 구약성서의 배열이 정해진 것이다. 가톨릭 성서에서 토빗기는 여호수아부터 시작되는 역사서의 뒷부분에 자리하고 있다. 토빗기에서는 시간, 장소, 등장인물이 기원전 734부터 612년까지 아우르는 아시리아와 이스라엘의 역사적 사건을 서술하고 있다(1장, 14장). 그러나 겉보기에 역사적 사실을 서술하는 것처럼 보이지만 실제 역사적 사실과는 거리가 멀다. 토빗기는 기원전 8세기와 7세기를 시대적 배경으로 삼고 있지만 기원전 200년경에 저술된 것으로 추정된다.[13] 이런 성서의 기술은 다니엘서나 요나서에서도 볼 수 있는 아주 익숙한 방식이다. 또한 토빗기는 '현인 아키카르^{Achiacharus}의 이야기' 또는 '아키카르의 지혜'라고 불리는 문학작품에 근거를 두고 있다. 이 아키카르 이야기의 가장 오래된 형태는 유대인들이 모여 살던 이집트 남부 엘레판틴^{Elepantine}에서 발견된 기원전 5세기의 것이다. 토빗기에서 이 유명한 아키카르는 토비트의 조카로 나온다(1:22).[14] 고대 근동에서 전해진 이 아키카르의 지혜보다 토비트의 지혜가 우위에 있음을 시사하고 있다. 그러나 토비트가 역

---

13) 한국천주교주교회의(2013) :《주석성경 구약 8 : 토빗기, 유딧기,에스테르기, 마카베오기 상하》, 한국 천주교중앙협의회, 서울, p48, p53.
14) 한국천주교주교회의(2013) : 앞의 책, p49.

사적 사실과는 거리가 멀더라도 그 이야기는 집단적 공유와 원형의 일반적인 작용으로 전체 집단에 의미를 부여했기 때문에 외경으로 가치를 인정받았음은 분명하다. 그렇기에 토빗기가 지닌 이야기를 있는 그대로 수용하고 이해하려는 시도는 오늘에도 무의식이 던지는 메시지를 포착할 수 있는 길일 것이다. 본 소고에서는 토비트가 토비야에게 전하는 교훈 내용과 라파엘이 전하는 메시지를 제외하고 토빗기의 이야기 자체에 머물면서 민담처럼 해석을 시도하고자 한다.

3. 토빗기의 심리학적 해석을 위한 전제

토빗기에 대한 분석심리학적 연구는 기존에 바바라 한나^{Barbara} ^{Hannah}의 《토비트서에 나타난 아니무스의 종교적 기능》15)에 관한 글이 있다. 그녀의 글에서는 여성의 심리, 토빗기에 등장하는 사라의 입장에서 아니무스의 종교적 기능에 대하여 다루었다. 그러나 한나 여사가 밝힌 바대로 이 이야기는 두 남성이 주인공이기에 **남성 심리를 중심으로** 해석하는 것이 더 나을 것이다. 토비트와 그 아들 토비야를 통하여 펼쳐지는 이야기는 개성화과정과 집단의식의 개신^{改新}, 더 나아가 신상의 변화를 예고하는 것으로도 고려할 수 있다. 일부분 바바라 한나의 해석과 유사할 수 있지만 전적으로 남성 심리를 중심으로 해석을 시도하고자 한다. 더 나아가 이 이야기는 단순히 개인 심리의 관점에서 볼 수 없는 원형적인 내용임에도 불구하고, 개체 발달의 그 기반이 원형적인 배경에서 생성되기 때문에 때로 개별적인 사례들을 적용할 것이다. 그럼으로써 토빗기에 등장하는 인격상과 동물상들의 심리학적 의미를 더욱 생생하게 살아있게 할 것이다. 사실 본문을 읽다보면 개인의 심리적 문제를 세밀하게 다루고 있음을 발견할 것이다.

덧붙여 이 해석 작업은 그 누구를 위한 것이 아닌 나에게 있어서 고유한 과제이기에 개성화 과정에 이바지하기를 기대한다.

---

15) Hannah, Barbara, 심상영 역(2017) : "토비트서에 나타난 아니무스의 종교적 기능"《융심리학과 내면여행》, 한국심층심리연구소, 서울, pp157-184.

융이 언급하듯이, 무의식에서 인격을 형성하는 중심화 과정인 개성화는 결코 남김없이 알려지고 해명할 수 있는 사실을 의미하는 것이 아니므로 지적인 작업이나 기술적인 과정이 아닌 체험적으로 파악16)되어야만 한다. 융이 인용한 도른^{Dorn}의 말처럼 나 자신이 실험되어야 한다. "그러므로 당신이 그 작업에 바라는 만큼 당신은 추구하는 쪽으로 나아가야 한다는 것을 이해하라. 달리 말하자면 당신이 그 작업에 거는 기대는 당신 자신의 자아에게 적용되어져야만 한다... 우리는 실험을 제외하고 어떠한 의심도 해결할 수 없으며, 우리 자신을 실험하는 것보다 그것을 해내는 더 좋은 방법은 없다."17) 창조적 생산물은 생산하는 원리에 관한 지식을 완벽하게 갖춘 사람에게만 가능하고, 그 원리는 우리의 내면의 경험을 공식화하거나 아니면 실질적으로 우리의 경험에 의존하기 때문이다. 다음의 마이스터 에크하르트^{Meister Eckhart}의 성탄 설교의 메시지가 이 작업을 통하여 나에게 일어나기를 기대해 본다.

지금 우리는 축제의 시기를 맞이하고 있습니다. 왜냐하면 하느님 아버지가 태어나셨고, 영원 속에서 끊임없이 이루고 계신 영원한 탄생이 지금 시간 안에서, 인간 본성 안에서 태어나고 있기 때문입니다. 성 아우구스티누스는 이 탄생이 항상 일어나고 있다고 말합니다. 그러나 그것이 나에게 일어나지 않는다면 그것이 나에게 무슨 유익이 있겠습니까? 나에게 그

---

16) Jung CG(한국융연구원 C.G.융 저작번역위원회 옮김)(2004c) : 융 기본저작집 6권 《연금술에서 본 구원의 관념》, 솔출판사, 서울, p330.
17) Jung CG(1978) : *Aion*, C.W.9ⅱ, The Gresham Press, London, par250.

것이 앞으로 일어날 것이라는 게 뭐가 그리 중요합니까! 그러므로 우리는 이 탄생이 고결한 영혼 속에서 완성되는 것으로, 우리 안에 일어나고 있는 것으로 말하려고 합니다. 왜냐하면 그 탄생은 하느님이 그의 말씀을 들려주는 순수한 영혼 속에서 일어나기 때문입니다. 어떤 현자가 말합니다. "모든 것이 침묵 속에 있었을 때, 높은 곳, 거룩한 보좌로부터 나에게 떨어지는 신비한 말씀으로 마음이 설레었다."18)

---

18) Jung CG(1989) : 앞의 책, C.W. 14, par444. f.n.

제2장 | 토빗기의 줄거리

토빗기의 전체 이야기를 먼저 간략하게 요약하고자 한다.

토비트는 선행과 자선을 실천하며 살았다. 포로가 되어 아시리아의 니네베로 끌려갔지만 살만에세르 왕의 호의를 받아 물품구입담당자로 출세하게 된다. 이 때 메디아의 가바엘에게 은 열 달란트를 맡긴다. 안나와 결혼하여 아들 토비야를 낳았다.

살만에세르가 죽고 그의 아들인 산헤립이 뒤를 이어 왕이 되자 시신 매장 금지령을 내린다. 왕의 명령을 어기고, 토비트는 죽은 이들을 매장하였다. 이것이 들통이 나서 그는 도피생활을 시작했고, 모든 재산이 몰수 되었다. 산헤립이 살해되고, 새 왕이 등극하자 토비트의 조카인 아키카르가 고위관직에 올랐다. 아키카르의 도움으로 토비트는 다시 집으로 돌아오게 된다. 자신을 위한 환영잔치를 벌였지만 토비트는 차려진 음식을 먹기 전에 아들 토비야에게 가난한 이를 데려오라고 한다. 토비야는 버려진 시신에 관하여 아버지에게 알렸고, 토비트는 시신수습이 끝난 후 음식을 먹었다. 해가 진 뒤 그 시신을 매장하였다.

그런데 바로 그날 밤 밖에서 잠을 자는 동안에 참새 똥이 눈에 떨어지고 그는 시력을 잃게 된다. 아내 안나가 생계를 꾸리게 되었다. 어느 날 아내가 품삯으로 받은 새끼 염소를 몰래 가져온 것으로 오해한 토비트는 돌려주라고 한다. 안나는 토비트의 말에 그를 비난하며 화를 내었다. 토비트는 마음이 괴로워 탄식하며 울었고, 하느님께 기도한다. 때마침 같은 시간에 엑바타나에 사는 친척, 사라도 기도하게 되었다. 사라는 일곱 남자에게 시집갔지만 첫날 밤에 '아스모데오스'라는 마귀가 신랑들을 모조리 죽였다. 사라는 여종의 모욕하는 말을 듣고, 죽기로 결심하고, 아버지의 위층 방으로 가서 목을 매려 했다. 그러나 아버지를 생각하며 마음을 고쳐먹고 하느님께 기도한다. 토비트와 사라의 기도를 들은 하느님은 두 사람을 치료하기 위해 라파엘 천사를 파견한다.

토비트는 토비야에게 20년 전에 가바엘에게 맡겨 둔 돈을 찾아오라고 한다. 믿을 만한 동행자를 구하러 밖으로 나간 토비야는 라파엘을 만나고, 그는 길잡이로 정해진다. 안나는 눈물을 흘리며 토비야가 낯선 길을 떠나는 것 때문에 토비트를 원망한다. 길을 떠나는 토비야 곁에 강아지가 동행한다. 길을 가던 첫날에 토비야는 발을 씻으러 티그리스 강가로 내려갔는데 큰 물고기가 그의 발을 삼키려 한다. 라파엘은 토비야에게 그 물고기를 잡아 배를 갈라 쓸개와 염통, 간을 꺼내라 한다. 물고기를 구워 먹는다.

토비야가 엑바타나에 거의 도착할 즈음에 라파엘은 사라와의 혼인을 권한다. 토비야는 라파엘의 지시에 따라 사라의 아버지인 라구엘에게 사라와의 혼인을 청하고 혼인을 승낙 받는다. 토비야와 사라는 첫날밤 보관해 둔 물고기의 간과 염통을 향불에 태워 그 냄새로 마귀를 물리친다. 열 나흘간의 혼인 잔치가 시작되자 토비야는 라파엘에게 가바엘에게 가서 돈을 찾아오라고 시킨다.

두 주간의 혼인잔치가 끝나고 집으로 향한다.

　라파엘은 토비야에게 사라보다 먼저 가서 아버지의 집을 정리하고 아버지의 눈을 물고기의 쓸개로 고치라고 한다. 먼저 도착한 토비야는 물고기 쓸개를 아버지의 눈에 발라 시력을 되찾게 하고 하느님의 빛을 보게 한다. 토비트는 라파엘에게 품삯을 주려한다. 그때 라파엘은 자신이 천사임을 밝히고, 지금까지 본 것은 환시일 뿐이라고 말하고 하늘로 올라간다. 토비트는 하느님께 찬미를 한다. 토비트는 시력을 되찾은 후에 아들에게 예언을 하고, 자선을 베풀다가 112살에 죽었다.

제3장 | 시신을 매장하고 실명하는 토비트

1. 사로잡힘 : 응고

2. 그림자의 문제에 대하여

3. 집단정신의 일방성

4. 새의 이중적 특성에 대하여

5. 원초적 질료로서 똥: 니그레도

1. 사로잡힘 : 응고

토빗기의 1장에 보면 토비트의 정신적 상황과 그의 배경을 읽을 수 있다. 토비트는 포로로 끌려와 '티스베'라는 곳에서 유배생활을 한다. 북왕국 이스라엘은 기원전 722년에 아시리아에게 멸망당했고, 남왕국 유다는 기원전 587년 바빌로니아에 의해 패망했다. 이스라엘 백성은 강제적이고 폭력적인 방식으로 기존적인 삶의 배경과 자리가 옮겨지고, 포로로 사로잡혀감으로써 주체적인 삶을 상실하게 된다. 포로 됨은 선택된 백성들이 다른 신을 섬기는 것에 대한 야훼의 분노였고 심판이었다. 심리학적으로 이것은 자기$^{the\ Self}$ 융은 의식과 무의식의 전체 인격의 중심이자 전체이고, 전체정신의 자가조정체계로서 자기라 했고, "우리 안의 신"이라 표명한다.와 계약을 맺은 집단과 개인이 자기와 온전히 연결되지 않으면 그에 따른 엄중한 책임이 뒤따르는 것으로 이해할 수 있다. 포로기간은 심판임과 동시에 새롭게 태어나기 위한 불의 시간, 고통의 기간이었다. 이런 사로잡힘은 응고^{coagulatio}로 이해할 수 있다. 폰 프란츠$^{M.L.Von\ Franz}$는 사로잡힘(포로됨)에 대하여 다음과 같이 언급한다.

사로잡힘은 투르바^{Turba}에서 중요한 개념이며, 변환의 목적으로 휘발성 있는 정신 또는 영혼의 "고정화(응고화)"를 상징한다. "영혼은 노예처럼 빨리 붙잡혀지고, 그래서 달아날 수 없고, 병들고, 녹슬고 썩는다. 하지만 도망치지 못하기 때문에 영혼은 자유케 되고, 그녀의 배우자를 얻는다." 고정화는 그리스 연금술에서 '카토케'^{κατοχη}(감옥에 가둠)이라고 불려진다… '카토케'란 용어는 동시대의 종교적 문헌에서 중요한 역할을 감당했는데 그것은 "신성함(그리고 광포함조차)에 의해 붙잡힘"이나 "초심자(풋내기)의 자발적 격리"을 의미했다.[19]

새로운 변환을 위하여 휘발성 있고, 불안정한, 그리고 변덕스런 정신 또는 영혼을 의도적으로 가둔다. 이런 의미에서 포로됨은 이스라엘의 불안전하고 제멋대로의 태도를 변화시키는 변환의 용광로인 셈이다. 이런 유배의 상황 속에서 두 가지 삶의 방식이 드러난다. 하나는 새로운 환경과 종교, 문화에 적응하는 것이고, 다른 하나는 기존적인 삶의 가치와 형태를 고수하는 방식이다. 이런 사로잡힘은 자신의 인습적 전통과 종교적 가치와 분리시키고, 고립을 초래함으로써 새로운 정신의 재조정을 가능케 한다. 토비트는 지금까지 지켜왔던 전통적이고 종교적인 가치에 입각하여 철저하게 이민족의 음식을 먹지 않았고(1:11), 자신을 선과 일치하여 자선을 행하며 살았다. 한때는 왕에게 필요한 모든 물품을 사들이는 직책을 맡았지만 왕이 바뀌고 자기 동족을 장사지냄으로써 분노를 사서 도망자 신세가 되고(1:16-19), 모든 재산이 몰수당한다(1:20).

---

[19] Von Franz Marie-Louise(2000) : *Aurora Consurgens,* Inner City Book, Toronto, pp269-270.

2. 그림자의 문제에 대하여

　개인의 심리에서 고려할 때 토비트는 고유한 자신의 정체성을 지키면서도 다른 정신적 가치에 오염되지 않고 자신을 오롯이 지켜가면서 외부세계와 잘 적응된 형태로 살았다. 그러나 토비트는 단순히 개인의 상이 아니다. 원형적인 인간의 삶을 대변하는 토비트는 전통적이고 인습적인 정신적 표상이자, 그 종교적 세계관의 정신원리로 고려된다. 토비트는 왕에게 위협을 당하고 쫓기며 재산은 몰수당한다. 집단정신의 인습적, 전통적인 원리는 결코 두 개가 양립할 수 없고 반드시 대립하기 때문에 한쪽은 그 힘의 우위를 잃고 쫓겨날 수밖에 없다. 두 개의 태양은 존재할 수 없다. 따라서 토빗은 옛 종교적이고, 인습적 정신 원리를 따라서 선이란 종교적 규율을 철저하게 수행했지만 결국 정신적 에너지를 오히려 모두 몰수당하고 자신의 설 자리를 잃게 된다.

　그리스어로 토비트^{Tωβiθ}은 '선함'이란 뜻을 지닌다. 결국 토비트는 낡은 종교적 인습적 집단정신의 원리가 표상하는 '선'이란 편협한 종교적 관념을 대변한다. 이런 집단정신의 원리가 더 이상 그 우위를 주장할 수 없고, 보다 우세한 집단정신의 원리의 의해 밀려남으로 에너지를 잃고 의식의 거주지를 상실한 것이다.

　기존의 왕이 죽고 사촌인 아키카르의 간청으로 다시 집으로 돌아오게 된다. 그리고 그의 귀환을 축하하기 위해 잔치가 벌어져 음식이 차려졌지만 토비트는 먹지 않는다. 살해당하고 버려진 시신을 처리한 후에 음식을 먹고 해가 진 후에 그 시체를 묻어준다. 그는 모든 삶의 기반과 에너지를 잃고 죽음의 위협을 피해 도망갔다가 돌아왔지만, 자신에게 자양분을 주기 위해 음식을 먹는 대신에 여전히 죽은 자의 시신을 처리하고자 한다. 시신은 비천상적인 실체로 무덤이 없어 안식을 얻지 못한 토비트의 그림자 측면일 것이다. 개인의 심리에서 죽은 자의 시신을 거두어 매장하는 것은 자신의 열등하고 살아내지 못한 잠재적인 특성을 지닌 그림자를 돌보는 것으로 이해할 수 있다.

융이 언급했듯이, "그림자는 열등한 인격, 낮은 인격, 안일하게 길가는 것... 무의식의 경계선에 있는 낮은 방식을 의미한다."[20] "그림자는 한편으로 후회스럽고, 비난받아야하는 약함이지만, 다른 한편으로 건강한 본능이고 보다 높은 의식을 위한 전제 조건이기도 하다."[21] 책임적으로 시체를 자신의 영역으로 받아들이는 것은 그림자를 변화시키는 방식으로 그것이 더 이상 부정적으로 작용하지 않음을 의미한다.

그 시신은 목 졸려 살해당하고 광장에 버려졌다. 목이 졸려 죽었다는 것은 지성적인 부분이 폭력적인 방식으로 희생되었다는 것을 의미할 수 있다. 비슈다 차크라Visuddha chakra는 목과 후두의 부분으로 언어와 정신의 자리이다. 물질세계에서 정신적 세계로 변화되는 곳이다. 이런 지성적이고, 정신적 것이 희생되면 삶은 무질서와 무분별함을 초래한다. 로고스가 기능하지 못함으로 삶은 혼

---

20) Jung CG(1984) : *Dream Analysis,* Princeton University Press, Princeton, p255.
21) Jung CG(1978) : 앞의 책 C.W. 9ii, par402.

돈에 빠지게 되고, 본능적 충동의 먹이가 되기 쉽다. 토비트가 이런 죽은 자를 처리하는 방식은 개인의 심리에서 자신의 열등한 인격을 친구 삼는 길일 것이다.

3. 집단정신의 일방성

그러나 토비트는 시체를 처리한 그날 밤에 잠을 자다가 뜨거운 참새 똥에 맞고, 그로 인해 실명을 당한다. 언뜻 보기에 토빗은 자신의 열등한 측면을 잘 다루고 있다. 그런데 왜 이런 사건들이 벌어지는 것인가? 전술한 대로 토비트는 낡은 집단의식의 정신원리로서 편협하고 구태의연한 종교적 규율과 인습적 전통을 대변한다. 그는 오로지 선함이라는 일방적 태도를 가지고, 죽은 자를 처리하는 일에만 관심을 쏟고 있다. 무덤에 묻히지 못하고 버려지는 것은 유대인에게 최악의 저주로 여겨졌다.[22] 그러므로 죽은 이를 장사 지내는 일은 거룩한 의무였다. 토비트는 가까스로 집단정신의 원리로 복원되었지만 자신에게 자양분을 주고 에너지를 부여하여 갱신을 모색하기 보다는 옛 종교적 규율의 원리에만 입각하여 다시 행동한다. 한 개체가 당위성, 역할, 의무로 규정된 종교적 신념이나 정신원리를 따라서 행동함은 자신의 진정한 인격이나 본성에서 나온 것이 아니며, 외적 인격과의 무의식적 동일시 현상에 지나지 않는다. "집단정신에는 인간의 고유한 미덕과 악덕이 다른 모든 것과 같이 포함되어 있다. 그런데 어떤 사람들은 집단적 미덕을 개인적으로 성취된 것으로 돌리고, 어떤 사람은 집단적 악덕을 개인의 죄로 돌린다. 그러나 양자 모두 과대와 열등과 마찬가지로 착각이다. 왜냐하면 공상된 미덕도, 공상된 악덕도 단지 집단

---

22) 신명기 21:22-23, 예레미야 16:4, 22:19, 25:33 참고하라

정신 속에 내포되어 있어 느낄 수 있게 된 또는 인공적으로 의식화된 도덕적 대극의 짝이기 때문이다."23) 융은 곡예사의 시신을 묻은 짜라투스트라의 또 다른 특징으로 팽창을 말한다. 자아 팽창이 일어날 경우 사람들을 가르치려 들고 많은 이들을 천상의 왕궁으로 안내해야 할 의무감을 느끼게 된다.24)

토비트는 높은 종교적 도덕성과 의무감으로 동일시된 나머지 팽창되고, 인간성으로부터 멀어지게 되었다. 한 인간이 자신을 잊고 남을 위해 헌신하면 할수록 내적으로는 자신의 본성으로부터 소외를 초래한다. 한 개인이 집단의식의 틀 안에서 산다는 것은 그 안에 싸여 있으므로 그의 의식은 무의식적일 수밖에 없다. 우리 시대에서 집단의식의 일방성에 사로잡힌 인간의 무의식적 경향성을 자주 목격하게 된다. 집단정신의 원리가 획일적이고 일방적으로 작동한다면 정신의 균형을 잃음으로써 집단전체의 만족과 안녕은 결코 유지될 수 없다. 게다가 선이라는 종교적 집단정신 원리가 한 집단과 사회를 지배하게 되면 열등한 것은 원형적 색채를 띠고 악으로 투사가 일어난다.

개인의 심리에서 동정pity의 치명적인 문제를 단테의 신곡의 지옥편에서 잘 다루고 있다. 연민의 위험성에 대하여 다음과 같이 경고한다.

---

23) Jung CG(한국융연구원 C.G.융 저작번역위원회 옮김)(2004a) : 융 기본저작집 3권 《인격과 전이》, 솔출판사, 서울, p46.
24) Jung CG, ed, James L. Jarrett(1998) : *Jung's Seminar on Nietzsche's Zarathustra*, Princeton University Press, Princeton, pp85-87.

> 넌 여전히 다른 멍청이들과 다를 것이 없구나.
> 이곳에서는 죽어야 좋을 연민(동정)을 살리고 있으니!
> 하느님의 심판에 인정을 느끼는 것보다
> 더 큰 죄가 무엇이겠느냐!25)(지옥편 20곡 27-30)

동정은 우리를 다른 이의 아픔에 공감하도록 이끄는 정서이다. 하지만 동정은 긍정적인 정서이지만 반드시 죽어야 한다. 왜냐하면 개성화과정에서 자기는 우리의 가장 순진하고 관대한 측면들을 희생하길 원한다. 진정한 동정은 자기$^{\text{the Self}}$에 귀 기울이는데 있기 때문이다. "만일 동정이 사랑을 수반하는 것이 아니라면 그것은 그림자의 지식과 관련되는데, 그것은 단지 감수성이고 전적으로 쓸모없다."26)

---

25) 알리기에리 단테, 박상진 옮김(2017) :《신곡, 지옥편》, 민음사, 서울, p194.
26) Mazzarella Adriana(2005) : *In search of Beatrice-Dante's Journey and Modern Man*, Studio in/out, Milano, p216.

4. 새의 이중적 특성에 관하여

　　토비트는 밤에 잠을 자다가 뜨거운 참새 똥으로 시력을 잃는다. 밤은 의식이 주도성을 잃고 무의식이 우세한 힘을 행사하는 시간이다. 잠을 자는 것은 죽음의 여정, 무의식으로의 하강이 이루어지는 것을 의미한다. 의식이 그 주도성을 잃고 무의식이 어떤 영향력을 발휘하는 때에 참새의 똥으로 토비트는 시력을 상실한다. 실명은 외부세계로 향하여 바라보는 것이 불가능함을 뜻한다. 기존의 낡은 집단정신의 원리를 가지고서는 삶은 더 이상 진전될 수 없고, 이제 모든 발전 가능한 전망이 사라졌음을 의미할 것이다. 이것은 방향 조정, 외부세계를 향하던 시선이 중단되고, 내면세계로의 방향 전환을 위한 무의식의 간섭으로 이해할 수 있다. 이런 현상은 집단의식의 일방성을 재조정하려는 집단무의식의 개입으로 이해될 수 있다. 낡은 종교적 인습적 집단의식의 정신 원리를 갱신하려는 자연의 처방일 수 있다.

　　그런데 왜 참새의 똥으로 그의 시력이 잃게 되는가? 여기에서 참새와 똥의 상징적 의미를 탐색하고자 한다. 일반적으로 새는 직관적이고 사고하는 정신적 실재를 대변한다. 새는 공중과 바람의 영역에 거주하기 때문에 호흡과 연결되어지므로 인간의 정신으로 고려되어 왔다. 신화와 민담, 종교 문헌들에서 새는 인간과 신을 연결하는 자율적이고 초개인적인 영으로 간주되었다. 참새는 비교적 지능이 높고 곡식을 먹기도 하지만 해충도 잡아먹으므로 도움을 주는 새로 알려져 있으며, 집에 둥지를 짓고 알을 낳기에 사람과 가까운 존재이다.27) 한국의 제주도 무속 신화 〈초공본풀이〉에서 참새는 자기맹왕 아기씨를 돕는 동물로 등장한다. "그녀는 처녀의 몸으로 임신하여 집에서 쫓겨난다. 떠나버린 남편을 가까스로 찾아 만났지만 남편은 증거물까지 내놓으로라 한다. 증거물을 확인하고도 그는 오히려 벼 두 동이를 손톱으로 까는 엄청난 과제를 준다. 그녀가 절 문 밖에서 벼를 까다가 잠이 들었을 때 참새 떼가 벼 까는 것을 도와주었다."28) 여기서 참새는 어려운 과제를 풀어갈 수 있도록 도움을 주는 정신적 실재이다. 성서에서는 "만군의 주님, 나의 왕, 나의 하나님, 참새도 주님의 제단 곁에서 제 집을 짓고, 제비도 새끼 칠 보금자리를 얻습니다.(시편 84:3)"라고 했다. 여기에서 참새는 보잘 것 없음, 하찮음을 상징한다.

그리스에서 참새는 아프로디테에게 바쳐졌고, 중세에는 육욕의 상징으로 알려져 있다. "참새가 아프로디테의 새, 그리고 근동 지방의 다른 사랑의 여신의 새라는 것이 흥미롭다. 아프로디테는 잘 알려진 그녀의 새인 비둘기로 상징되는 천상적인 측면과, 참새로 상징되는 일반적인 지상적인 측면을 가지고 있다."29) 이것은 에로스의 역설적 특성을 잘 드러내고 있다. 신에 속한 동물은 그 신적 특성과 동일한 의미를 가지므로, 이런 의미에서 참새는 지상적이고, 저급하고, 관능적인 특성을 지닌 에로스 원리로 고려할 수

---

27) 한국문화상징사전편찬위원회(2006) : 《한국문화 상징사전 1》, 두산동아, 서울, p562.
28) 현용준(2005) : 《제주도신화》, 서문당, 서울, pp36-63.
29) Barbra Hannah(2017) : 앞의 책, p160.

있다. 이런 참새의 두 가지 속성은 융의 《전이의 심리학》에 등장하는 현자의 장미원의 9번째 그림에서 두 마리의 새들에 잘 묘사되어 있다. 땅에 속박되어 있는 새, 즉 날개 없는 새는 지상적인 측면earthly aspect이고, 또 하나의 새, 날개 있는 새는 정신적인 측면 spiritual aspect을 의미한다. 융은 두 새들에 대하여 다음과 같이 설명한다.

> 한 새는 날개 짓이 가능한 새이고 다른 것은 아니다. 긍정적인 것이지만 거부해야 하고 부정적인 것이지만 받아들여야 한다고 하면 사람은 회의에 빠진다. 누가 보아도 불쾌한 상태에서 누구나 빠져나오고 싶어 한다. 그러곤 그가 뒤에 내버려 둔 것이 그 자신임을 발견한다. 자기 자신으로부터 도피하며 산다는 것은 쓰라린 일이다. 그리고 자기 자신과 함께 사는 것은 일련의 기독교 덕성, 즉 인내, 사랑, 믿음, 소망과 겸손을 요구하며 이 경우 우리는 이 덕성을 자신에게 적용해야 한다. 이 덕성으로 이웃을 기쁘게 하는 것은 위대한 일이지만 이 때 자아도취의 마귀가 가볍게 등을 두드리며 말할 것이다... 우리는 우리가 자신에게 하지 않은 것을 다른 사람에게 해서는 안 된다. 이것은 선에서나 악에서나 모두 그렇다.30)

---

30) Jung CG(한국융연구원 C.G.융 저작번역위원회 옮김)(2004a) : 앞의 책, p333.

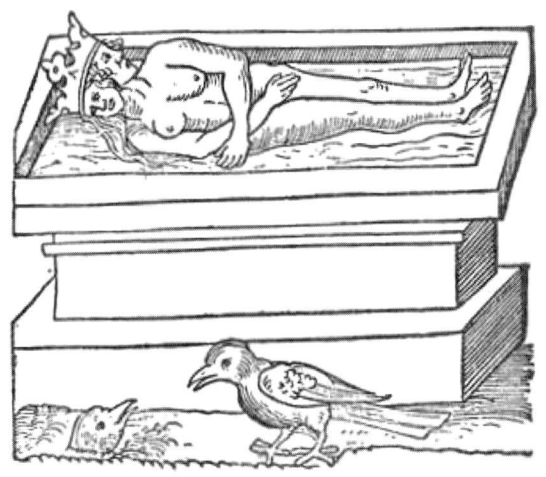

그림 1[31]

---

31) Jung CG(한국융연구원 C.G.융 저작번역위원회 옮김)(2004a) : 앞의 책, p308. 그림 9를 참고하라.

토비트에게 있어서 이상적이고, 종교적 인습적 최고의 덕성은 가장 저급한 물질성을 대변하는 참새의 출현의 배경이었음을 짐작할 수 있다. 이런 참새는 토비트에게 대극적 요소로서 저급하고 지상적인 속성을 지닌 아니마 상으로 고려할 수 있다. 무의식적으로 아니마가 남성에게 작동할 때 감정과 관계 기능의 장애를 일으키게 된다. "무의식적인 아니마는 현저한 관계 상실성, 자기애적 존재이며 개체전체를 자기 것으로 차지함으로써 남자를 기묘하고도 비호의적인 형식으로 여성화시키는 것 말고는 아무것도 추구하지 않는다."[32] 우리는 남성들이 어떻게 무의식적인 아니마, 미분화된 아니마로 인하여 유치해지고, 자기애적 성향을 보이며, 모든 관계를 무력화시키는지를 쉽게 관찰할 수 있다.

    60대 중반의 한 남성은 경제적으로 중산층의 삶을 살았고, 신체적으로 건강한 상태였다. 그는 건강관리를 위해서 꾸준히 운동을 하였고, 매일 과일과 야채를 갈아서 먹었다. 그런데 정기검진을 통해서 당뇨수치가 위험한 상태라는 진단이 나오자 담당의는 그에게 매일 열심히 갈아 마시던 아침 음료를 마시지 말 것을 권유했다. 그는 그때부터 삶의 의욕을 잃고 무기력해졌으며 곧 죽을 것 같은 불안에 휩싸였다. 그의 생활사를 살펴보았을 때 그는 아내와 자녀들과의 정신적인 관계 단절 상태에 있었다. 그는 늘 유치했고, 변덕스러웠으며 자기만 알아달라고 했기 때문에 아내는 늘 피곤해했고, 자녀들은 그를 무시했다. 아니마가 관계기능으로 적절하게 작용하지 않는다면 미분화된 감정적 요소(정서성)가 남성을 사로잡

---

32) Jung CG(한국융연구원 C.G.융 저작번역위원회 옮김)(2004a) : 앞의 책, p320.

게 되고, 모든 관계를 망쳐놓게 된다.

　우리의 이야기에서 등장한 참새는 유대교적, 남성적 집단정신 원리에서 배제된 미분화된 감정과 에로스의 측면으로서 자유분방한 공상적 사고, 성적 환상, 물질성을 자극하는 특성, 육체적이고, 저급한 여성적 원리로 이해할 수 있다. 토비트에게 가장 하위적인 것은 그가 가장 두려워하는 것이다. "보다 의식된, 그래서 보다 완전한 인간에게 함께 살기 원하는 하위적인 것은 단순한 쾌락이 그를 설득하여 탐닉하게 하고자 하는 것이 아니라 그가 두려워하는 것"33)임은 너무도 분명하다.

---

33) Jung CG(한국융연구원 C.G.융 저작번역위원회 옮김)(2004b) : 융 기본저작집 9권《인간과 문화》, 솔출판사, 서울, p57.

5. 원초적 질료로서 똥 : 니그레도^{Nigredo}

그렇다면 뜨거운 참새의 똥은 무엇인가? 똥이 뜨겁다는 것은 정서적이고 감정이 깃든 상태를 드러내고 있다. 똥은 배설물로서 저급한 물질로 취급받는다. 단테의 신곡의 지옥편 18곡에 보면 똥물로 가득한 구렁이 등장하는데 아첨꾼들이 이 똥물에 처박히는 벌을 받는다.34) 참을 수 없는 악취가 진동하는 불결한 똥구덩이는 심판의 장소이다. 아즈텍^{Aztec} 사람들은 배설물과 오물을 죄로 여겼다.35) 몇몇 아프리카 부족은 똥 거름더미는 여성들의 몸에 들어간 영혼의 거주지가 되었다고 믿었다.36) 농경문화에서 똥은 밭에 다시 뿌려지고, 거름으로 사용되어지므로 풍요와 아주 긴밀한 연관이 있다. 때로 똥은 민간에서 치료제로 쓰이기도 하였다. 장자는 '지북유'^{知北遊}에서 "도가 똥 속에 있다"37)고 말한다.

고대 연금술사는 "똥 무더기에서 우리의 금이 발견된다"38)고 말했다. 연금술에서 똥은 원초적 질료로서 혼돈의 물질이지만 작업의 최종적 목표인 최상의 물질, 금과도 연결된다. 의미없는 것 또는 가치 없는 것은 최상의 원천이 된다. 한 아랍 연금술사는 하느님을 위하여 똥 무더기 속에 던져지는 개에 대하여 말한다. "그

---

34) 알리기에리 단테, 박상진 옮김(2017) : 앞의 책, pp174-183
35) Chevalier J, Gheerbrant A,(1996) : *The Penguin Dictionary of Symbols*, Penguin Books, London, p361.
36) tr, Matthews B(1993) : *The Herder Dictionary of Symbols*, Chiron Publications, Wilmette, p71.
37) 장자, 안동림 역주(2000) : 《장자》, 현암사, 서울, p547.
38) Abt T, 이유경 역(2005) : 앞의 책, p102.

것은 개가 철학자의 똥 무더기 위에 던져지는 것을 의미한다... 그래서 당신은 그것을 반드시 이해해야만 하고, 포착하기 힘들어해야만 한다. 그리고 철학자들은 똥 무더기가 수탉과 암탉의 똥 무더기이고, 그것은 어디서나 발견되어진다고 주장했다."39) 이 본문에 대한 폰 프란츠의 해석은 참으로 인상적이다. "똥과 재 안에는 지속적으로 우리의 경험을 지탱하는 하느님의 숨겨진 창조적 행위가 있다. 그것은 우리가 가장 빈번하게 숨겨진 존재^{Being}의 기적을 발견하는 사랑의 경험을 통해서이다."40) 똥은 이런 의미에서 역설적이다. 참새의 똥은 아니마의 생산물로서 숨겨진 창조적인 행위에서 생성된 것이다. 우리의 이야기에서 낡은 집단의식의 정신 원리의 갱신을 위한 원초적 질료가 바로 똥이다. 저급한 혼의 요소에서 생성된 똥은 혼돈에 빠지게 하는 독이자 갱신을 위한 원초적 질료인 것이다.

이런 참새의 똥으로 토비트는 실명하게 된다. 실명은 어둠의 상태, 니그레도를 나타낸다. 니그레도는 가장 깊은 절망의 상태이자, 우울, 혼돈 그리고 방향상실을 가리킨다. 모든 삶의 가능성이 차단된 상태를 의미한다. 원시부족의 나이든 샤먼들은 실명된 상태였다. 이런 어둠은 내향화를 통하여 외부세계를 향한 통찰이 아닌 내면세계의 통찰을 가능케 한다. 사도 바울도 다메섹으로 가는 길에 빛을 통하여 실명하게 된다. 이를 통하여 내면세계를 향하여 집중하는 내향화로 이끈다.

---

39) Von Franz Marie-Louise(1999) : *Muhammad ibn Umail's Hall AR-Rumus*, Fotorotar AG, Egg, pp166-167.
40) Von Franz Marie-Louise(1999) : 앞의 책, p168.

이런 실명의 상태에서 토비트는 아내 안나와 심하게 다투게 된다. 토비트는 아내가 품을 팔고, 새끼 염소를 덤으로 얻어온 것을 훔쳐온 것이라고 누명을 씌웠기 때문이다. 그녀는 남편의 자선과 동정에 대하여 심하게 비난한다. 그로 인해 토비트는 괴로움에 빠진다. 이런 과정은 개인의 심리에서 자주 목격되는 투사의 과정이라 할 수 있다. 여기에서 우리는 다음과 같은 두 가지 사위 Quternio의 도식을 생각해 볼 수 있다.

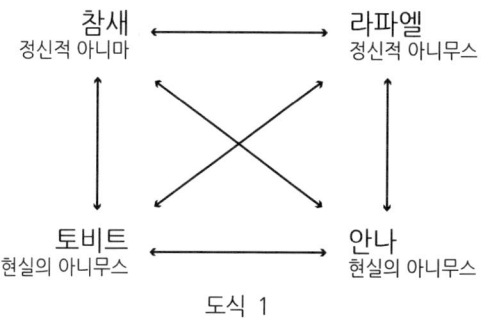

도식 1

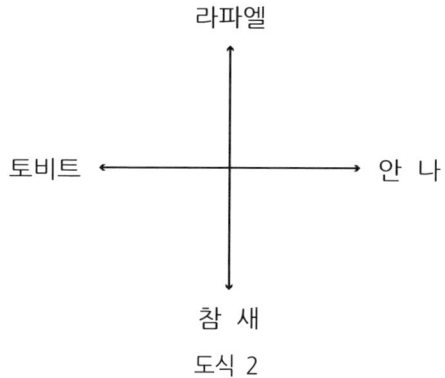

도식 2

두 도식은 남성적인 요소와 여성적인 요소의 대극의 측면을 보여준다. 안나^{Anna}는 그리스어 안나 Ἄννα의 라틴어 형태이고 히브리어로, 한나$^{Hannah(חנה)}$이다. '호의', '은총' 또는 '기쁨'이란 뜻을 지닌다. 토비트가 일방적인 선함을 기초한 정신 원리로만 살아가고, 안나가 '호의', '기쁨'이라는 감정의 원리로만 살아간다면 거기에는 무의식적인 투사가 일어나게 된다. 안나는 자신의 미분화된 아니무스를 투사함으로써 호의와 기쁨, 은총을 벗어버리고 공격적이고 신념에 찬 의견으로 맹렬하게 남편의 삶을 비난한다.

한 남성의 외부세계에 대한 엄청난 양보, 자기 희생, 그리고 사심없는 이타주의에 대하여 그 주변에 있는 가까운 아내와 자녀들은 희생을 당할 수밖에 없고, 그 남성에 대하여 반드시 다른 의견을 피력할 것이다. 종교적 신념을 따라 사는 남성이라면 누구나 그의 가족은 이런 상황을 반드시 연출하게 되어 있다(!). 여성의 아니무스는 마치 칼처럼 정곡을 찔러 남성의 아니마에게 상처를 내어 피를 흘리게 한다. 욥이 자녀와 재산을 모두 잃고, 자신마저 병이 들었을 때 그의 아내는 말한다. "이래도 당신은 여전히 신실함을 지킬 겁니까? 차라리 하나님을 저주하고서 죽는 것이 낫겠습니다."[41] 욥의 아내의 아니무스는 그의 신실한 행위를 비판하고, 삶보다 죽음이 낫다고 부정적인 의견을 쏟아낸다. 이런 소리를 들은 욥은 스스로 자신을 저주하면서 죽는 것이 낫다고 울부짖는다.[42]

---

[41] 욥기 2:9
[42] 욥기 3장을 참고하라

아니무스의 투사를 받은 남자의 원형으로서 토비트의 아니마는 우울한 기분으로 울며 탄식하며 죽고 싶어한다. 이미 전술한대로 이런 토비트의 상태를 니그레도로 표현했다. "니그레도는 '원질료'나 혼돈, 혹은 '혼돈의 덩어리$^{massa\ confusa}$'의 속성을 지닌 시초의 상태이며 원래부터 있었거나 원소들을 분해(용해, 분리, 분할, 부패)함으로써 생긴다."[43] 집단정신의 지배원리가 감정 원리와의 관계와 단절되고, 그 생산적인 힘을 잃고, 아무런 창조력을 발휘할 수 없음을 드러낸다. 이는 기존의 전통적 인습적 집단정신 지배원리로는 더 이상 한 발자국도 나아갈 수 없는 방향상실의 상태를 가리킨다. 한 개인의 인격에서도 마찬가지로 자신의 노력으로 아무 것도 할 수 없고, 어떤 해결책도 내놓을 수 없다면 그 순간 정신 에너지는 자연스러운 흐름을 잃고, 우울과 자기 절망의 상황에 빠지게 된다. 그러나 놀랍게도 바로 그 순간에 제 3의 것이 개입된다. 막다른 한계 상황은 신성함이 개입하는 순간이고, 이때 무의식적 내용이 배정된다. 삶의 모든 에너지가 완전히 차단된 상황에서 바로 원형상이 출현한다. 이런 니그레도는 새로운 변환을 위한 필수전제조건이다.

---

43) Jung CG(한국융연구원 C.G.융 저작번역위원회 옮김)(2004c) : 앞의 책, pp19-20.

제4장 | 토비트와 사라의 기도

1. 부성 콤플렉스와 부정적 아니무스의 문제

2. 적극적 상상으로서 기도

3. 동시성에 관하여

1. 부성 콤플렉스와 부정적인 아니무스의 문제

　토비트는 마음이 몹시 괴로워 탄식하며 울며 기도한다. 토비트는 하느님의 의로우심, 자신과 조상의 과거와 현재의 죄를 고백한다. 그리고 자신의 목숨을 앗아가 달라고 간구한다. 구약성서에서 니느웨(니네베:고대 아시리아 수도)의 백성이 요나의 선포로 회개하자 요나는 무척이나 화가 나서 사느니 차라리 죽는 것이 낫다고 기도한다.44) 욥은 자신의 극심한 고통 앞에서 하느님께 따지듯 물으며 차라리 죽는 것이 낫다고 항변한다.45) 요나와 욥은 자신의 감정에 충실하여 벌어진 사태에 대한 물음을 하느님께 던지며 자신의 입장을 토로한다. 그러나 토비트는 자신의 감정보다는 여전히 전통적인 관점과 신념에 입각하여 기도한다.
　토비트가 기도하는 바로 그날 메디아의 엑바타나에 사는 사라도 동일한 기도를 드린다. 이런 동시성은 공간을 뛰어넘어 둘 사이의 어떤 연속성을 갖게 한다. 기도와 동시성에 대한 심리학적 의미를 탐색하기 전에 먼저 결혼하지 못하는 사라의 사건을 살펴보고자 한다. 라구엘의 딸인 사라는 일곱 남자에게 시집을 갔지만 '아스모데우스'Asmodeus라는 악귀가 그 남편들을 첫 날 밤에 모두 죽였다. 사라는 아버지의 여종들이 자신을 모욕하는 말을 듣고 아버지의 집 위층 방으로 올라가 목을 매어 죽으려 한다. 그때 아버지

---

44) 요나 3장, 4장을 참고하라
45) 욥기 7장을 참고하라

를 생각하고 하느님께 목숨을 거두어달라고 기도한다. 여기에서 늙은 토비트와 달리 젊은 여성 사라를 주인공으로 다른 한 축의 이야기가 전개된다.

아스모데우스는 구약성서에서 유일하게 토빗기에서 등장한다. 어원은 확실치 않지만 '멸망시키다'라는 히브리어를 상기시킨다.46) 아스모데우스47)는 귀신들의 왕으로 알려져 있다. 외경의 〈솔로몬의 증언〉에 보면 "아스모데우스는 자신을 '마차', '뱀의 다리' 또는 '북극성'이라고 한다. 그리고 그는 새로 태어난 사람을 거슬러 음모하고, 처녀들의 아름다움을 더럽히고, 그녀들의 마음을 갉아먹고, 여자들의 마음을 미치게 하는 병을 퍼뜨린다."48) 아스모데우스는 여성들과 긴밀한 연관이 있음을 알 수 있다. 남성 심리의 관점에서 아스모데우스는 라구엘의 원형적 그림자로 집단무의식의 콤플렉스로 이해할 수 있다. 이 귀신의 왕은 집단의식의 지배원리에서 배제된 어둡고 열등한 집단무의식의 원형적 그림자상임을 드러내고 있다. 아버지로 표상되는 종교적 전통적 인습적 집단의식의 지배원리가 지나치게 엄격하고 일방적이기 때문에 그림자 상은 더 짙어졌고, 악마로 등장한 것으로 볼 수 있다. 일반적으로 민담이나 신화에서 이런 원형적 그림자상은 여성을 납치하는 것으로 되어 있다. 이것은 집단의식의 지배원리의 일방성으로 아니마, 감정의

---

46) 한국천주교주교회의(2013) : 앞의 책, p60. f.n.
47) 이 귀신은 조로아스터교의 악마인 아이쉬마-다이바(aēšma-daēva)로서 분노(아이쉬마)의 악마(다이바)라는 뜻이며, 앙그라 마이뉴의 심복 중 하나로 곤봉을 사용한다.
48) 이동진 편역(2103) : "솔로몬의 증언"《제2의 성서:구약시대》, 해누리, 서울, p390.

원리가 상실되고, 영혼의 상실 상태에 있게 됨을 의미한다. 그러나 우리의 이야기에서는 사라와 결혼하려는 7명의 남성이 죽임을 당한다. 그로 인해 사라가 결합할 수 없으며, 새로운 집단의 삶의 원리로 부상할 수 없다. 사라는 합법적으로 독립이 불가능하게 된다. 새로운 여성원리가 다음세대의 삶의 지배원리로 출현하지 못하는 것은 바로 지나치게 부정적이고 파괴적인 남성 원리의 지배력에 사로잡혀 있기 때문임을 짐작할 수 있다. 이것은 여성심리에서 부성콤플렉스에 사로잡힌 여성의 상태와 아주 흡사하다. 그녀가 아버지의 위 층 방에 있는 것은 바로 부성적인 영역, 지성적이고 정신적인 높은 곳에 머물러 있는 상태임을 드러낸다. 라구엘과 아스모데우스, 아버지와 딸 사라, 사라와 아스모데우스의 관계를 다음과 같은 사위^{Quternio}의 도식으로 묘사할 수 있다.

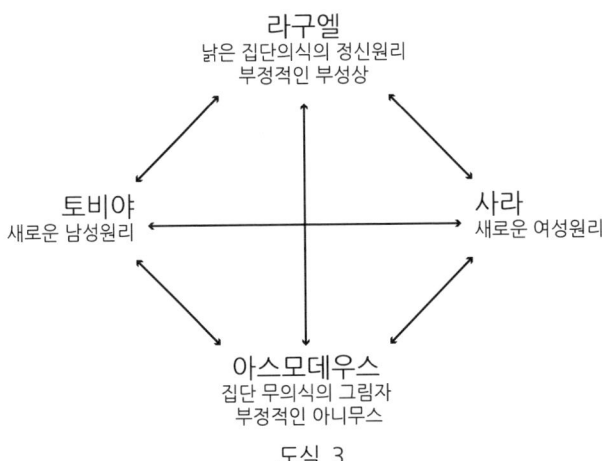

도식 3

낡은 전통적, 종교적 남성원리와 집단무의식의 원형적 그림자에 의해 사라는 새로운 여성원리로 출현하지 못하고 있다. 개인의 심리로 볼 때 사라는 부성콤플렉스에 지배당하고 있으며, 파괴적이고 부정적인 아니무스 상에 사로잡혀 있다고 볼 수 있다. 여성에게 있어서 부성콤플렉스와 부정적인 아니무스는 어떻게 드러나는가?

"아버지는 집단적 의식과 전통적 정신을 대변한다."49) "아버지는 삶의 의미를 전수하고 선현들의 가르침에 따라 그 비밀을 설명해주는 '가르치는 정신'이다. 그는 전통적 지혜를 중개하는 자다"50) 부성상$^{father\ imago}$은 질서와 법, 권위와 복종의 원리로 구체화되고, 문명의 진보를 꾀하도록 인간 집단을 고무시킨다. 이런 부성상은 남성의 의식발달에서 "외부세계의 위험에 대항하여 하나의 보호로서 행동하고, 그러므로 아들에게 페르조나의 본보기로서 봉사한다."51) 긍정적인 부성 콤플렉스는 남성에게는 권위에 대한 일종의 신봉과 모든 정신적 규약과 가치에 대한 철저한 복종 태세를 갖추도록 한다.52) 남성에게 부성콤플렉스는 외부세계의 적응의 원리로서 긍정적으로 작용할 수 있다. 그러나 부정적인 부성콤플렉스가 작용하면 모성으로의 퇴행으로 인하여 독립성이 가로막히고,

---

49) Jung CG(1993) : *Psychology and Alchemy*, C.W.12, Princeton University Press, Princeton, par92.
50) Jung CG(1993) : 앞의 책, par159.
51) Jung CG(1977) : *Two Essays on Analytical Psychology*, C.W.7, Princeton University Press, Princeton, par315.
52) Jung CG(한국융연구원 C.G.융 저작번역위원회 옮김)(2002a) :《원형과 무의식》, 솔출판사, 서울, p264.

대인관계와 사회활동의 부적응을 야기할 수 있다. 또한 부성상이 지배적으로 작용하면 때로 자신을 팽창시키고, 비현실적인 공상을 자극할 수 있다.

여성에게 긍정적인 부성 콤플렉스는 아버지가 정신적이라는 속성을 가지고 있기 때문에 활발한 정신적 포부와 관심을 갖도록 한다.[53] 그러나 여성에게 부성콤플렉스가 부정적으로 작용하면 아버지의 원형적 내용이 자리 잡기 때문에 남성적인 원리가 여성을 지배하게 된다. 여성에게 부성원리가 지배적으로 작용할 때 여성은 정신과 인습, 집단의 신념과 이상에 부응하기 위해 노력하게 되고, 페르조나에 지나치게 강화된 형태로서 남성화된 여성이 된다. 이런 여성은 '아버지의 딸', '신념의 딸'로 살게 된다. 이런 부성콤플렉스는 여성으로서 본성을 외부세계의 일과 직업으로 대체하게끔 한다. 여성이 부성콤플렉스에 의해 사로잡힐 때 두드러지게 여성성의 문제를 야기한다. 에로스 기능이 발달하지 못하므로 자신의 본성과 관계를 맺지 못하고 여성성은 무의식적인 상태에 머무르게 된다. 그로 인해 성과 식욕 등의 본능적인 측면은 억압되고, 여성으로서 몸에 대한 적절한 경험을 할 수 없게 된다. 또한 여성이 부성콤플렉스에 사로잡히면 미분화된 에로스로 인해 부정적인 아니무스 문제를 불러일으킨다. 관계의 기능이 미분화되기 때문에 사람들과의 관계는 갈등, 불화, 소외를 초래한다. '아버지의 딸'은 에로스의 미분화로 인하여 관계성은 폐쇄적이고, 공감능력의 부재를 파생할 수밖에 없다. 폰 프란츠는 이런 아버지-아니무스에

---

[53] Jung CG(한국융연구원 C.G.융 저작번역위원회 옮김)(2002a) : 앞의 책, p264.

대하여 말한다. "융이 아니무스에 대해 부정적으로 말할 때 그가 공격하는 점은 여성들이 '사람은 누구나 그걸 해'와 '사람은 누구나 그걸 알아'라는 절대적 확신을 가지고 자신들의 지혜를 남들에게 퍼뜨리는 바로 그 태도다. 그러나 그것을 더 자세히 탐구하면, 아버지(혹은 다른 누구)가 말한 것을 동화하지 않고 단순히 물려받았음이 보인다. 딸은 과거의 앎을 아버지에게 얻은 방식으로 재생산하려는 경향이 있다. 전통의 앎을 동화하지 않고, 개별적 의식을 갖고 처리하지 않은 채 전달하는 것은 위험하고 악마적이 될 수 있다"54)

개인사례에서 여성에게 있어서 부성콤플렉스(부성상)의 내용을 좀 더 다루어보고자 한다. 한 20대 후반의 여성은 직장생활에서 심각하게 주위 사람을 의식하고, 자신의 업무를 수행하는데 힘들어했다. 그런 가운데 관계 속에서 소외와 외로움을 경험하고 있었다. 그런 현실의 어려움 가운데 있을 때 다음과 같은 꿈을 꾸었다.

나는 마을 회관인지 장애인 시설 같은 건물의 부엌에 있다. 거기에 휠체어를 탄 50-60대정도의 장애인 남자 있다. 나는 그와 전등을 수리하는 일에 대하여 이야기한다. 나는 몸을 씻기 위해 화장실을 찾는다. 하지만 찾을 수 없다. 나는 그냥 부엌 싱크대 수도에서 몸을 씻으려고 하는데 그 남자가 나를 계속 쳐다본다. 나는 불편함과 부끄러움을 느끼면서 화가 난

---

54) 폰 프란츠 마리 루이제, 홍숙기 옮김(2017) : 《영원한 소년과 창조성》, 한국융연구원, 서울, p262.

다. 나는 그 앞에서 씻고 싶지 않음에도 불구하고 몸이 자동 적으로 움직여 옷을 벗고 씻는다. 나는 그에게 나를 왜 쳐다 보냐고 묻는다. 그는 나에게 내가 너를 쳐다보는 것을 너가 괜찮다고 생각하기 때문이라고 말한다. 그는 관찰자처럼 있다. 나는 화가 나서 깨어난다.

꿈에서 장애인 시설은 집단적인 활동과 봉사가 이루어지는 장소와 연결되어진다. 그곳에서 꿈의 자아는 휠체어 탄 남자를 만난다. 이 남성상은 부성상이 제대로 기능하지 못하고 있는 측면일 것이다. 장애를 가진 남성상은 꿈꾼 이가 집단적 원칙, 사회적 약속, 그리고 집단적인 활동을 수행함에 있어서 기능하지 못하는 측면이라 할 수 있다. 꿈의 자아가 이 남성상과 전구를 수리하는 문제에 대하여 이야기하는 것은 이런 부성상이 조명되고, 의식화를 촉구하는 것임을 알 수 있다. 꿈의 자아가 자신의 몸을 씻고자 한다. 이는 자신을 정화하고 쇄신하려는 시도이다. 그런데 부엌에서 그냥 씻어버린다. 무언가 정상적인 장소에서 갱신의 작업이 이루어지지 않고 있는 것으로 여겨진다. 또한 그 남성상이 지켜보기 때문에 씻는 일이 원활하게 진행되지 않는다. 이 꿈은 집단적인 영역에서 제 기능을 하지 못하는 부성상의 인식을 촉구하고 있음을 짐작할 수 있다.

다음은 부성 콤플렉스의 문제로 힘들어했던 40대 초반의 여성의 꿈이다.

나는 지진이 올 것이라는 예보를 듣는다. 한 차례 지진이 지나갔다고 해서 밖으로 나가보니 지진으로 땅이 서로 어긋나 있다. 예전의 마을 모습은 사라진 듯하다. 나의 집이 갑자기 걱정된다. 아직 지진이 끝난 것이 아니라 피해가 커질 것 같아 걱정을 한다. 그때 하늘에서 헬리콥터 한 대가 지나가다가 검은 가루 같은 것을 땅에 뿌리고 지나간다. 아래를 보니 한 무리의 공공기관 유니폼을 입은 남성들이 헬리콥터에 신호를 보내며 기름통 같은 것을 땅에 뿌린다. 이 사람들은 마을을 태우려고 기름을 뿌리는 것 같다. 나는 그럴 리가 없다고 하면서 무서워서 나도 모르게 몰래 산위로 올라가고 있다. 몇 사람이 나를 잡으러 오는 것 같다.

이 꿈을 꿀 당시 내담자는 현실적인 문제로 불안해하며 우울한 상태에 있었다. 지진은 집단무의식이 의식의 토대를 갱신하려는 시도이기도 하지만 의식과 무의식의 균열로 인한 해리의 상태를 대변한다. 이 꿈은 집단적 거주지의 토대를 붕괴시킴으로써 지금까지 낡은 삶의 방식과 태도로는 더 이상 거기에 살 수 없음을 경고하고 있다. 그런데 헬리콥터가 검은 가루를 뿌린다. 꿈에서 나타난 전투용 헬리콥터는 파괴적이고 강력한 원시적인 새의 현대적인 표상으로 이해할 수 있을 것이다. 추진하는 역동적인 힘을 가진 이런 상은 정신적인 영역, 공상적 세계에 부착되어 있다. 이런 헬리콥터는 매우 공격적이고 파괴적인 사고나 의견, 비현실적인 계획과 연관되어질 수 있다. 이 여성은 자신을 평가 절하했고, 부정적인 생각으로 현실의 삶에 힘겨움을 호소했다. 헬리콥터에 의해 뿌려진 검은 가루는 땅 위의 기름과 만나서 불태워질 수 있다는 것을 경고한다. 검은 가루는 인체에 해로운 것으로 석탄 가루 같은 것으로 연상했다. 검은 물질은 원초적 질료로서 삶을 따뜻하게 활력을 불어넣을 수 있는 무의식적 요소이기도 하지만 모든 것을 태워버리고 혼돈으로 빠지게 하는 물질이기도 하다. 부정적으로 사용되어지면 심한 정서적 충동에 사로잡히게 할 수 있다. 공적업무를 수행하는 많은 남성들은 집단적 가치를 수행하는 무의식적으로 활성화된 남성상으로 강박적이고 파괴적인 사고의 측면일 것이다. 이 여성은 여성적 본성으로 일을 하고 있는 것이 아니라 책임과 의무, 역할, 남성적 원리로 일을 하고 있음을 짐작할 수 있다. 이 여성은 아픈 아버지를 대신하여 집안의 실제적인 가장 노릇을 하고 있었다. 이 꿈은 심각한 의식의 불안상태, 파괴적이고 부정적인 남성적 요소에 공격당하고 압도당하고 있음을 드러내고 있다. 꿈은 지진과 마을을 불태우려는 시도를 통하여 기존의 삶의 방식과 의식의 태도를 정화시키려는 강력한 처방을 하고 있다.

사라와 만났던 7명의 남성들은 파괴적인 집단무의식의 원형상에 대항할 만한 힘을 소유하지 못했기 때문에 죽임을 당한다. 보다 근본적인 이유는 사라의 감정원리, 에로스가 적절하게 기능하지 못하였거나 사라가 새로운 집단의 생명의 원리와 감정원리가 될 만큼 여성적 원리를 확보하지 못했기 때문이기도 하다. 부정적인 아니무스에 사로잡힌 여성은 에로스원리가 열등하게 떨어지므로 관계는 단절되고, 특히 남성과의 관계는 황폐화된다. 아니무스는 머리기능, 사고와 관계하며 구별하는 기능의 특질을 가진다. "아니무스 그 최초의 무의식적 형태에서는 저절로 나온 의도하지 않은 의견형성으로 나타나 감정생활에 압도적인 영향을 행사한다."55) 부정적인 아니무스의 장기인 신념에 찬 독선은 외부세계와 내부세계의 삶을 망가뜨린다. 사라는 아버지-이마고와 연결되어 있다. 융은 아버지가 아니무스 상의 최초의 운반자이기 때문에 여성 심리의 어두운 태양을 아버지-이마고father-imago와 연결하여 묘사한다. "..., 아버지는 자신의 로고스로 인하여 딸에게 정신의 원천이 된다. 불행하게도 이 원천은 우리가 깨끗한 물을 기대하는 바로 그곳에서 자주 더럽혀진다. 왜냐하면 여자에게 이로운 정신은 단순한 지성이 아니라 그것보다 훨씬 더 큰 것이기 때문이다. 그것은 하나의 태도, 즉 남자가 원칙으로 삼고 살아야할 정신이다. 소위 이상적인 정신이라 할지라도 본성 즉 동물적인 사람을 적절히 다루는 법을 이해하지 못한다면 언제나 최고의 것은 아니다.... 그러므로 모든 아버지는 자신의 딸의 본성을 이런 저런 방식으로 타락시킬 기회를 부여받는다."56) "딸이 필요로 하는 정신은 영혼에게 말하는 진리들이다. 진리들은 지나치게 크게 떠들지 않고, 지나치게 많은 것을 주장하는 것이 아니라 고요 속에서 세계의 의미를 구성하는 개체에게 다가간다. 그것은 그녀의 아들에게 그것을 전수하기 위해 딸이 필요로 하는 지식이다."57) 여성은 영혼에게 말을 거는, 즉 여성의 본성 속에서 정신적 내용을 동화해야 하는

---

55) Jung CG(한국융연구원 C.G.융 저작번역위원회 옮김)(2004a) : 앞의 책, p332.
56) Jung CG(1989) : 앞의 책, C.W.14, par232.
57) Jung CG(1989) : 앞의 책, par233.

것이다.

　이런 사라의 부정적인 아니무스는 결국 7명의 남성을 죽였다. 연금술에서 숫자 7은 일곱 금속, 일곱 단계 작업의 변환을 상징한다. 숫자 7은 창조적 변환의 수이자, 삶의 주기와 달의 주기와 연결되는 풍요와 연결되어진다. 융은 숫자 7의 이중적 본성 즉 절정임과 동시에 불길한 것으로 설명한다.58) 숫자 7은 정신의 발전 또는 변환의 가능성을 위한 필요가 활성화되어진 것이고, 새로운 발전의 전환으로 나아가는 것을 의미한다. 이제 사라는 부정적인 아버지 이마고로부터 벗어나 집단의 생명원리로 부상하고, 대극의 요소로서 8번째, 전체성을 실현할 새로운 남성원리인 토비야를 필요로 한다. 이런 사라의 아니무스에 사로잡힌 상태를 일격을 가하는 것은 여종들이다. 자신의 열등한 여성적 요소, 특히 열등한 그림자인격의 비난을 통하여 자신의 모습을 객관화시킨다. 자신의 비리를 발견하는 것, 자신의 열등함을 볼 수 있을 때 비로소 새로운 변화와 발전의 가능성이 열리는 단초가 된다.

---

58) Jung CG(1993) : 앞의 책, C.W.12, par84.

2. 적극적 상상으로서 기도

이제 토비트와 사라의 기도에 대하여 살펴보고자 한다. 사라는 여종의 비난을 듣고 스스로 목을 매어 죽으려고 한다. 스스로 목을 매는 것은 파괴적인 사고와 정서에 의해 압도되는 것으로 이해할 수 있다. 목을 매는 것은 공중으로 매달림으로써 현실로부터 떠나려는 하나의 시도이다. 그것은 악마적인 방식으로 지상적 삶을 포기하고 정신적으로 고양하려는 파괴적인 신성화 또는 정신화로도 고려할 수 있다. 그러나 이것이 아버지에 큰 해를 끼치는 것이기에 그는 기도를 한다. 그녀는 하나님께 대신 죽여 달라고 기도한다. 삶의 의미를 잃어버린 토비트와 사라는 차라리 죽고 싶다고 기도한다. 기도가 서로 낯선 두 인물을 연결하는 촉매제 역할을 한다. 여기에서 나는 매우 어려운 두 가지 문제에 직면하게 된다. 나는 이런 류의 기도를 실제로 해 본 적이 없다는 것이고, 나는 전통적인 기도의 형식과 내용을 수정하려는 시도 속에 있어서 기도 자체가 아직은 모호함 속에 있음을 고백하지 않을 수 없다. 융은 기도가 자신에게 힘든 문제임을 진술한다.

> (기도는) 나에게 문제였고, 아직도 문제이다. 몇 년 전에 나는 있는 그대로의 사실을 뛰어넘는 요구들은 모두가 정당한 것이 못되고 유아적이라고 느꼈다. 그러므로 우리는 당연시되지 않는 것을 요구해서는 안 된다. 우리는 신이 인간적인 한계로

견딜 수 없는 것을 우리에게 강요할 때를 제외하고는, 신을 어떤 것이라고 생각할 수도 없고, 아니면 신을 어떤 것이라고 규정할 수도 없다.59)

융에게 있어서 기도는 있는 그대로의 사실, 당연시 되는 것을 요구할 때 정당하고, 신이 인간적인 한계로 견딜 수 없는 것을 강요할 때만이 정당하다. 바로 그때 자아의 한계를 인식할 수 있기 때문이다. 자아의식의 한계를 깨달을 때 신을 규정하지 않을 수 있고, 감히 무엇이라고 생각하지 않을 수 있다. 신 자체는 그 자체로 모르는 것이다. 도를 도라고 하지만 도는 항상 한정지을 수 없다. 토비트와 사라에게 수용하기 힘든 낯선 경험은 어떤 노력과 힘으로도 결코 고통을 변화시킬 수 없는 자아의 한계상황을 인식하게 한다. '사는 것보다 죽는 것이 낫다'는 그들의 고백은 삶의 에너지가 모두 바닥나서 더 이상 자아의 힘으로 삶을 진전시킬 수 없으며, 스스로 자아의 패배를 시인하는 것이다.

인간이 고통의 문제에 직면하여 자아가 어떤 주도적 노력으로 해결할 수 없는 상황이 전개될 때 우리는 통상적으로 지금까지 고수했던 신 관념을 벗어버리게 되는 듯하다. 나는 한때 끔찍한 형벌로 경험해야만 했던 가족의 죽음으로 기존의 형이상학적 신 관념을 포기할 수 밖에 없었다. 그때 나를 가장 고통스럽고, 당황하게 했던 것은 기도의 대상을 잃어버렸다는 사실이다. 극심한 고통

---

59) Jung CG(1973) : *Letters,* vol.2, Princeton University Press, Princeton, p120.

으로 자아가 한계를 경험할 때 인간이 설정해놓은 신상의 변화를 요구받는 것 같다. 낯선 것과의 동화를 통하여 의식의 확대를 요구하기 때문이다. "낯선 것과의 동화를 통하여 좀 더 고차원적이고도 폭이 넓어진 의식은 자율성의 경향, 즉 오래된 신들을 모반하려는 경향을 나타낸다"[60]

기도는 모든 종교에서 신 또는 신성함과의 접촉을 위한 수단이다. 기도는 자아로 하여금 외부세계로 향하던 리비도를 거두어들이고, 내부에 관심을 갖도록 하는 내향적 태도를 위한 종교적 수행 방식 중 하나이다. 기도는 자아의식을 무의식으로 향하도록 하여 자신의 깊이로 침잠케 함으로써 내향화를 가능케 한다. 이런 내향화를 통해서 "인간은 정신적으로 수태하게 되고, 영감을 받으며, 다시 생산되고 다시 태어난다."[61] 이런 내향화는 타파스(Tapas-알을 품어 숙성시킴)의 과정과 유사하다. 융은 리그베다의 알려지지 않은 만물의 원초적 창조자인 프라자파티^{prajapati}의 창조를 위한 중요한 방식을 타파스의 수련으로 기술한다.[62] 기도는 한 곳에 머물러 고도의 집중과 타파스, 자기 고행의 과정을 통하여 갱신과 정신적 재탄생을 시도하는 종교적 태도로 고려할 수 있다.

환상은 활성화된 무의식으로 인하여 원형상이 의식에 침투해 오는 것이고, 공상은 심상이 자아의식을 자율적으로 사로잡는 것

---

60) Jung CG, Wilhelm Richard, 이유경 옮김(2014) :《황금꽃의 비밀》, 문학동네, 파주, p45.
61) Jung CG(한국융연구원 C.G.융 저작번역위원회 옮김)(2006) : 융기본저작집 8권《영웅과 어머니원형》, 솔출판사, 서울, p349.
62) 프라자파티는 갈구하였다: 나는 스스로를 여러 종류로 증식시키고 싶다. 그는 타파스의 수련을 쌓았다. 타파스를 수련한 뒤에 이 세계를 창조했다. Jung CG(한국융연구원 C.G.융 저작번역위원회 옮김)(2006) : 앞의 책, p349.

이고, 꿈은 의식수준의 저하로 무의식이 자발적으로 상을 통하여 자신을 표명하는 것이다. 결국 환상과 공상, 꿈은 무의식이 자아를 주도하는 수동적인 과정이지만 기도는 능동적인 과정으로 자아가 무의식(종교적인 용어로 신)을 향하도록 한다. 기도는 자아의 주도성과 능동성이 반드시 수반되어진다. 기도는 절대자에게 자신의 어떤 바람이나 희구를 간청하기도 하고, 자신의 내면의 상황을 고백하기도 한다. 더 깊게는 신과의 합일을 위하여 기도하는 경우도 있다. 기도는 하느님을 통하여 외부세계든, 내부세계든 일종의 변화를 위한 뚜렷한 목적을 위해 수행되어진다. 이런 의미에서 볼 때 기도는 자아의 한계를 직시할 수 있을 때 어떤 합목적성을 이룰 수 있다. 기도자가 기도의 방식을 취한다 해도 기도자가 오염되고, 잘못되어 있으면 기도는 결코 올바른 방식으로 작동하지 못한다. 그렇기에 자기한계의 객관화가 기도의 전제조건이 되어야 한다.

기도를 심리학적으로 정의하자면, 결국 기도는 자아와 자기의 능동적 만남의 과정으로 어떤 변환을 목적으로 하는 종교적 태도라고 할 수 있다. 이런 면에서 볼 때 기도는 분석심리학적으로 적극적 상상으로 고려할 수 있다. 적극적 상상은 자아와 무의식의 직접적이고 적극적인 만남의 과정으로 의식의 변환을 위하여 무의식의 내용을 수용하고 그 영향력을 경험하기 위한 심리학적 작업이다. 자아의식이 무의식의 활동을 객관적으로 인식하고 그것에 실제적으로 반응함으로써 무의식적 내용을 의식화하는 것이다. 토비트나 사라의 기도는 무의식과 접촉을 적극적으로 시도하고, 전통적인 하나님에 대한 전형적이고, 집단적인 내용을 넘어서 개인적 감정과 무의식적 정서, 어떤 생각을 표현하고 있기 때문에 적극적 상상과 동일한 방식을 취하고 있음을 알 수 있다.[63]

    토비트와 사라의 이런 기도의 과정은 어떤 변환을 촉발시킨다. 이 변환과정을 진술하기 전에 동양종교의 기도 혹은 명상의 방식에 대하여 잠시 논의하고자 한다. 이런 논의가 필요한 이유는 나의 뿌리가 동양이고, 독특한 나의 체험 때문이다. 스위스 심층심리연구소에서 '분석심리학 기본이론' 시험을 보았을 때 시험관은 나에게 '의식이란 무엇인가'에 대하여 물었다. 그 순간 나는 아무런 생각을 할 수 없었고, 아무 말을 하지 못했다. 하나의 콤플렉스가 작동한 것이다. 의식에 관한 질문 앞에 설명할 수 없음은 나에게 어떤 인식을 촉발시키고 있음을 느끼게 되었다. 나는 이미 서구화된 교육을 받았고, 내면에서 객체정신을 경험할 수 없는 현대의 동양인이지만 여전히 나의 뿌리는 서양적, 지성적 확실함이 아닌 동양적인 모호함 속에 있음을 깨닫게 되었다.

---

[63] 융은 무의식을 의식화하는 방법으로 적당하지 못한 곳에 존재하는 에너지를 손에 넣기 위하여 우리는 정감적 상태를 작업의 기초나 출발점으로 삼는다. 우리는 주저없이 그 기분 안에 침잠하여 거기서 떠오르는 모든 환상과 그 밖의 연상들을 글로 적음으로써 기분상태를 최대한 의식화한다.... 시각적인 방법 즉 손으로 정감을 그림이나 글을 그려보고, 움직임 즉 춤을 통해 무의식을 표현함으로 의식화할 수 있다. Jung CG(한국융연구원 C.G.융 저작번역위원회 옮김)(2004a) : 융 기본저작집 2권 《원형과 무의식》, 솔출판사, 서울, pp355-359. 바바라 한나는 이런 융의 적극적 명상에 대하여 다음과 같이 정리한다. "시각적인 방법과 청각적인 방법 둘 다를 위한 기법은 어떤 일이 일어날 수 있도록 내버려두는 것이다. 그런데 어떤 일이 일어났는지 혹은 어떤 말이 들렸는지 충분히 주목한 후에는 적극적으로 그 장면으로 들어가거나 대화를 시작한다. 이런 것이 안 되면 환상을 갖는다고 결코 적극적 명상이 되는 것이 아니라 결국 수동적으로 영화를 보는 것, 혹은 말하자면 라디오에서 나오는 소리를 듣는 것과 같은 것이 되고 만다. Hannah Barbara, 심상영 역(2017) : 앞의 책, p57.

동양인은 의식과 무의식의 경계가 모호하다. 더 정확하게 말하면 자아의식을 전면에 내세우지 않기에 무의식 속에 자아의식이 있는 상태, 무의식의 배경 속에 자아의식이 존재한다고 볼 수 있다. 자아의식은 무의식 속에 있는 작은 일부에 해당된다. 동양적 사유는 정신을 단지 의식으로만 보지 않고 무의식을 포함한 것으로 이해해왔다. 융은 "내면으로 시선을 던지는 동양인의 심혼적 태도는 세계의 비가시적 본질을 바라보는데 있어 이를 방해하지 않을 정도로 자신의 본능적 욕구를 충족하였기 때문에 가능하다"[64]고 말한다. 이것이 바로 동양적 강의 조건이다. 동양적 특히 중국의 사고는 도 안에 음과 양이 함께 있듯 서양의 인과적이고, 지성적 관점이 아닌 역설과 이중의 인식을 하는 전일적 사고를 특징으로 한다. 동양종교의 명상이 신성을 강조하지 않으면서도 객체정신을 내적인 정신 활동으로 경험할 수 있는 이유가 여기에 있다. "명상은 자아의식이 무의식의 활동을 허용함으로써, 스스로 변화를 꾀하는데, 심지어 한 개인이 신성으로 즉 초개인적 존재로 변환하는 것을 목표로 삼고 있다고 볼 수 있다."[65]

이런 적극적 상상으로서 기도는 자아의식과 무의식 모두에게 영향을 끼친다. 토비트와 사라의 기도 후에 하느님은 그들을 치료하기 위해 개입한다. 이것은 잠재된 상태 속에서 무의식이 활성화됨으로써 그 영향력이 드러나는 과정으로 이해할 수 있다. 융은 연금술사의 창조적인 대화의 과정으로 명상에 대하여 다음과 같이

---

64) Jung CG, Wilhelm Richard, 이유경 옮김(2014) : 앞의 책, p41.
65) 이유경(2012) : "적극적 명상에 관하여", 《불교와 심리》. 제5호, p175.

언급한다.

> 이런 내면의 대화는 무의식과 대면하는 기법의 본질적인 부분이다. 연금술사들의 이런 명상은 결코 깊이 생각하는 것만을 말하는 것이 아니라 내면의 대화를 통해 우리 안에 있는 타인, 즉 무의식으로부터 응답하는 목소리와 생생한 관계를 이루어 나가는 것을 말한다... 이 (창조적인) 대화를 통해서 사물들은 무의식적으로 잠재된 상태에서 드러난 상태로 옮겨가는 것이다.66)

융은 이어서 필라레테^{Philalethe}의 논문을 인용하며 명상된 휘발성을 정의하기를, "명상한다는 것은 여기에서 신과의 대화를 통해 돌에 더 많은 영을 주입하는 것, 다시 말해 돌이 더 영화되고, 휘발성이 되거나 승화됨을 말한다."67) 연금술사의 무의식과의 창조적인 대화를 통하여 원초적 질료가 무의식적 혼돈 상태에서 벗어나 분리되고 승화된다. 연금술사는 자신의 정신적 변환을 위한 작업을 물질에 투사하기 때문에 그런 무의식의 활성화가 질료 자체에 드러나는 것으로 이해하고 있다. 이런 명상의 과정은 니그레도 상태의 혼돈 속에 있는 자아에게 무의식이 실질적인 힘을 행사함으로써 그 영향력이 드러남을 의미한다. 두 사람이 기도를 드린 바로 그때에 그들의 기도가 영광스런 하느님 앞에 다다랐다. 그리고 두 사람을 고치기 위해 라파엘이 파견된다(3:16-17). 이런 구절은 자

---

66) Jung CG(한국융연구원 C.G.융 저작번역위원회 옮김)(2004c) : 앞의 책, p75.
67) Jung CG(한국융연구원 C.G.융 저작번역위원회 옮김)(2004c) : 앞의 책, p76.

아의식이 무의식과의 접촉을 위한 시도를 통하여 무의식의 활성화가 일어나고, 자아의식에 어떤 영향력이 펼쳐지는지를 잘 드러낸다. 낡은 집단의식의 정신원리를 대변하는 토비트와 독립하지 못한 집단의 생명과 감정의 원리를 대변하는 사라, 이 두 사람의 기도는 집단 무의식의 생명력과 창조력을 활성화시켜서 집단의식의 남성적 원리와 여성적 원리의 갱신을 도모하도록 이끈다.

적극적 상상으로서 기도는 무의식을 활성화시킬 뿐 아니라 궁극적으로 활성화된 무의식은 자아의식으로 하여금 인격의 변화를 불러온다. 기도 후에 토비트는 마당에서 집으로 들어가고, 사라도 아버지의 위 층 방에서 내려온다(3:17). 토비트는 낡고 편협한 전통과 인습에 입각하여 행하던 외부세계로의 일방성을 거두고 자신의 내부세계로 향하게 되었다. 사라는 아버지의 세계, 정신, 지성, 이상과 관념의 원리에서 내려와 현실의 세계, 대지적인 여성적 원리로 내려오게 된다. 이것은 부성콤플렉스의 높은 세계에서 벗어나게 되었음을 의미한다. 더 나아가 토비트는 잊고 살았던 돈, 즉 잊혀진 정신에너지에 주목하고, 아들 토비야에게 그것을 찾아오도록 한다(4:2). 토비트는 자신의 늙고 병듦을 수용함으로 죽음을 온전히 인식하고, 다음 세대인 토비야가 자신의 길을 가도록 유언한다(4장). 낡은 집단정신의 원리가 새로운 집단정신의 원리를 전면으로 부각시키려 하는 시도이다. 바로 이런 움직임, 이런 전환이야말로 무의식의 영향력을 통한 변화이다. 기도함으로써 무의식의 영향력은 의식의 확대와 인격의 변화를 초래한 것이다.

3. 동시성에 관하여

이런 무의식과 자아의식의 변화는 초월적 기능의 시작으로 무의식과 의식의 협동작업을 통해 대극이 접근하여 어떤 변화를 가져오는 것으로 이해할 수 있다. 이런 현상은 동시성적 현상으로, 무의식의 배정으로 발생한다. 공간을 달리하고 있는 토비트와 사라는 동일한 시간에 인과적 연결없이 의미있는 일치로 동시성적 현상을 경험하고 있다. 동시성적 현상 또는 동시성이란 거의 동시적으로 발생할 뿐 아니라 그런 우연한 발생과 관련된 개인이나 사람들에게 전달하는 의미로 특징지어진 두 개 또는 그 이상의 독립적인 인과관계 사슬로부터 기인한 우연한 사건의 수렴^{convergence}을 의미한다.[68] 융은 동시성을 비인과적으로 연결된 사건의 원리라고 주장한다. 그는 "동시성이 원인 없는 양태 즉 비인과적 질서정연함"[69]이라 믿는다. 인과원리는 원인과 결과의 결합이 필수적이다. 반면에 동시성원리는 의미있는 일치를 이루는 각 부분이 동시발생과 의미에 의해서 결합되어 있다. "동시성적인 현상은 서로 이질적이며 인과적으로 연결되지 않는 과정에 속하면서도 의미상의 동류성이 동시에 존재함을 증명한다. 다르게 말하자면 관찰자에 의해 감지된 내용이 인과적 연결 없이도 동시에 외부 사건을 통하여 드

---

[68] Etter Hansueli, 김덕규 옮김(2019) : 종교들이 평화로울 때/중세 만다라로서 히로나의 창조 태피스트리, 융심리학 연구소, 서울, p74,
[69] Jung CG(1969) : The Structure and Dynamics of the Psyche, C.W. 8, Princeton University Press, Princeton, par965.

러날 수 있다는 사실을 나타낸다."70) 이런 현상은 역경에 질문하여 괘를 던지는 데서 드러난다. "역경의 전제조건은 질문하는 사람의 정신적 상태와 대답하는 괘 사이에 동시성적 일치가 존재한다."71) 이는 역경에 질문하는 자는 니그레도의 조건 하에 있고, 그럼으로써 외부에서 차단된 에너지는 무의식으로 흘러가 원형들을 배정시킴으로 동시성적 현상이 드러나는 것으로 이해할 수 있다.

나는 언젠가 분석을 받고 있을 때 햇빛이 드리우는 꿈의 내용을 다루고 있었다. 그 순간 나의 분석가는 창문으로 비치는 햇빛을 가리켜 보여주었다.72) 그와 나 사이의 공간상의 거리와 시간을 넘어서 원형상이 의미있는 일치로 외부에 드러난 사건이었다. 몇 년 전에 한국인들은 300명이 넘는 학생들이 배의 침몰로 사망하면서 커다란 아픔을 경험했다. 배의 침몰 전후로 해서 당시 몇몇 사람들이 배가 침몰하는 꿈을 꾸었다는 것을 보고하기도 했다. 의식은 단속적인 데 비해 무의식은 연속적이고 시공을 넘어서 모든 것을 연결함으로 어떤 절대지 absolute knowledge를 가지고 원형상을 배정한 것으로 볼 수 있다. 이런 동시성적 현상으로 원형이 배정되었을 때 파괴적인 방식이거나 건설적인 방식으로 물질에 나타날 수 있다. 니그레도 상태에 있었던 토비트와 사라는 하느님(심리학적으로 전체 인격의 중심인 자기)과의 접촉을 시도함으로써 억제된 에너지는 무의식으로 흘러가 동시성적인 현상을 야기시키고, 가시적

---

70) Jung CG(한국융연구원 C.G.융 저작번역위원회 옮김)(2004a) : 앞의 책, p381.
71) Jung CG(한국융연구원 C.G.융 저작번역위원회 옮김)(2004a) : 앞의 책, p376.
72) 나와 나의 분석가는 영상통화로 분석을 진행하고 있었고, 한국과 스위스, 밤과 낮이란 시간차이에 있었지만 햇살에 관한 꿈 내용을 다룰 때 햇살이 나의 분석가의 창을 통하여 비치기 시작하였다.

인 천사의 출현을 가능케 한다. 자아가 전체 인격의 중심인 자기와 접촉됨으로써 무의식의 영향력이 공간과 시간을 넘어 물질과 정신 가운데 나란히 발생한 것으로 이해할 수 있다.

　기도의 논의를 마치기 전에 오늘날 우리는 신과의 접촉을 상실한 시대를 살고 있다. 융은 의식과 무의식과의 실제적인 관계의 중요성을 말한다. "서구인들은 정신적 힘을 다시 인식해야 하는데, 자신의 기분이나 신경질적인 것과 망상적 이념을 통하여 그들이 자신의 집에서 유일한 주인이 아니라는 것이 아주 고통스럽게 밝혀지기까지 기다려서는 안 된다. 분열의 성향은 상대적인 현실성인 실재의 정신적 인격성에 기인한다. 그것은 현실적으로 인식되지 않아서 투사되지만, 그럼에도 그것은 현실적이다. 그것이 의식과의 관계 속에 놓이게 되면(종교적으로 표현하여 숭배가 되면) 상대적으로 현실적이 된다. 그러나 의식이 자신의 내용으로 해결하기 시작하면 그것은 비현실적이다. 이와 같은 경우는 생명이 소실되고 삶의 의무가 더 이상 없는 양 살게 되는 것이다. 그래서 내적 세계를 고려함에 있어 헌신해야할 요구가 없으니 그냥 내버려 두게 된다."[73] 서양인이든 동양인이든 간에 문명화된 인류는 정신적 힘을 무시하고, 외부세계를 향한 일방성으로 분열적 성향으로 무의식의 무겁고 부정적인 짐을 짊어지고 있으며, 집단적으로는 무의식의 파괴적인 영향력에 직면하고 있다. 이런 시대에 기도는 의식과 무의식을 잇는 다리로서 무의식과의 접촉을 가능케 한다. 융은 랍비에 관한 옛 이야기를 그의 회고에서 들려준다. 하

---

73) Jung CG, Wilhelm Richard, 이유경 옮김(2014) : 앞의 책, p80.

루는 그의 제자가 그를 방문하여 이렇게 물었다. "옛날에는 하나님을 직접 본 사람들이 있었습니다. 왜 요즘은 그런 사람들이 없습니까?" 랍비는 이렇게 대답했다. "오늘날 아무도 허리를 그렇게 깊이 굽힐 줄 모르기 때문이지" 강물을 퍼 올리려면 조금이라도 굽혀야 하는 것이다.74) 기도는 무의식을 향한 굽힘, 종교적 태도를 갖게 한다. 무의식은 나에게 그리고 우리에게 관심을 기울일 것을 요구하고, 무의식을 그 자체로 받아들여주길 원한다. 그렇기에 기도는 아무리 강조해도 지나치지 않을 것이고, 더 나아가 무의식을 의식화하는 적극적 상상으로서 기도는 심리치료의 중요한 방식을 제공한다.

---

74) Jung CG, Jaffe A(1989) : *Memories, Dreams, Reflections*, Vintage Books, New York, p441.

제5장 | 토비야의 모험

1. 길동무 : 천사 라파엘과 개
2. 물고기의 이중성

1. 길동무 : 천사 라파엘과 개

토비트는 기도 후에 잊고 있었던 정신에너지를 찾으러 가는 아들의 여정을 위해 토비야에게 길잡이를 찾아오라고 보낸다. 그 때 마침 천사 라파엘은 토비야에게 나타나고, 라파엘은 토비야의 길 안내자로 함께 하게 된다. 낡고 병든 집단의식의 정신 원리와 부성상에 사로잡혀 독립하지 못한 집단의 생명 원리의 갱신을 위해 집단무의식이 개입한다. 신은 심리학적으로 전체 인격의 핵인 자기로 표명될 수 있는데 자기는 신의 보조적 기능을 가진 대변자인 천사, 라파엘을 파견한다. 그러면서 자기 혹은 집단무의식은 집단의식의 조정의 목적을 두 가지로 밝힌다. 하나는 토비트가 하느님의 빛을 보게 하는 것이다. 집단의식이 낡은 종교적 전통과 인습적 방식이 아닌 집단무의식의 신성한 통찰과 인식을 갖는 것을 의미한다. 다른 하나는 사라를 괴롭혔던 악귀를 몰아내는 것으로 부정적이고 파괴적인 원형적 그림자에 사로잡힌 생명과 감정의 원리를 해방하는 것이다. 이 두 원형상을 연결하고 치유할 중심은 토비야이다. 그러기 위해서 토비야는 새로운 집단정신의 원리로 성장해야 하고, 새로운 집단적 여성 원리를 구원하여 새로운 생명력과 창조력을 가능케 해야 한다. 이런 토비야는 영웅의 상으로 이해할 수 있으며, 그는 전체성에서 벗어나 건강하지 못한 상태에 있는 아버지상과 여성상을 정상적으로 기능하도록 회복시키는 "자기와 일치하여 기능하는 자아의 모델로 제시하는 원형적인 상"[75]

으로 표명할 수 있다. 이런 영웅 상은 정당하게 기능하는 자아처럼 보이고, 자기의 도구로서 봉사하고 자기가 일어나길 원하는 것을 표현함으로써 치유하는 경향을 드러낸다. 이런 영웅 상은 낯선 이중적 특성을 가지고 있다.

천사는 하늘의 영역과 땅의 영역, 신성한 영역과 세속의 영역을 매개하는 존재이다. 천사의 그리스어 '앙겔로스'^{ἄγγελος}는 '사자'^{messenger}라는 뜻에서 기원한다. 토라에서는 히브리 용어, '말락'^{מלאך} ^{malāk}'은 야훼와 엘로힘^{Elohim}의 메신저란 뜻으로 사용된다. 에제키엘의 환상에서 동물의 형상을 한 세 천사들은 미분화된 본능적 형상을 취한다. 외경인 《에녹 1서》에서 라파엘은 사람들의 '영혼의 수호자'로 등장한다. 이런 천사는 초개인적인 정신으로 신과 동일한 특성을 지닌다. 특히 신화에서 천사는 공중의 존재인 새로서 표상되며, 초자연적인 조력자로 묘사되기도 한다. 미트라스 희생제의에서 신의 메신저(천사)는 까마귀로 등장한다. 천사들은 상반된 본성, 선과 악이라는 형태로 분리되어 있다. 도움을 주는 천사의 측면도 있지만 신에게 대항하는 신의 그림자로서 표명할 수 있는 악한 측면도 있다. 얍복 강가에서 야곱과 야훼의 천사와의 씨름(창 32:24)은 낯선 신적 특성을 지닌 천사의 모습을 잘 묘사하고 있다. 이런 천사는 압도적인 위력과 신적인 힘의 동물적 특성을 드러내고 있다. 이런 압도적인 힘에 굴복하지 않고 "인간존재를 성공적으로 지킨다면 충동의 위력의 엄습은 신의 체험이 된다."[76] 성

---

75) Von Franz ML(1996) : The Interpretation of Fairy Tales, Shambhala, Boston, p62.
76) Jung CG(한국융연구원 C.G.융 저작번역위원회 옮김)(2006) : 앞의 책, p283.

서에서 등장하는 이런 인간적 모습을 한 천사는 남성적 특성을 지닌다. 유대적 전통에서 천사는 남성이다.77) 우리의 이야기에서 라파엘은 도움을 주는 신적 본성을 지닌 정신적 요소라고 볼 수 있다.

이런 천사의 현현을 정신적 현상으로 해명 가능한지에 대하여 여전히 나에게는 수수께끼이자 신비다. 그런데 아주 인상적인 융의 글에서 하나의 실마리를 발견한다. 융은 마이스터 에크하르트에게 일어났던 일화를 소개한다. 어떤 딸(처녀)이 도미니크 수도원을 찾아 와서 마이스터 에크하르트를 만나길 원하는데 문지기가 그녀에 대하여 누구라고 전할까 묻자 그녀는 모른다고 대답한다. 이런 낯선 여인의 방문은 의미있는 원형의 출현, 신성한 처녀(아니마)로 이런 근본적인 이미지들은 시대와 장소를 막론하고 외적 전통없이 저절로 생겨날 수 있다고 설명한다. 그리고 그는 다음과 같이 언급한다.

> 이 이야기는 마이스터 에크하르트의 환상이거나, 그의 학생들의 환상으로서 환상적 소문일 수 있다. 그러나 이것은 오히려 너무 특이해서 실제로 일어난 것이 아닐 수 있다. 하지만 현실이 인간의 공상만큼이나 상당히 원형적이고, 때로 영혼은 "몸 밖에서 있는 것들을 상상하는 것"처럼 보이는데 육체 밖에서 우리의 꿈에서처럼 활동하고, 유희를 벌인다.78)

---

77) Jung CG(한국융연구원 C.G.융 저작번역위원회 옮김)(2006) : 앞의 책, p139. f.n.
78) Jung CG(1989) : 앞의 책, C.W.14, par103.

이런 원형상은 육체 밖에서, 현실의 영역에서 그 실체를 드러나기를 원하는 듯 보인다. 정신은 물질로 나아가길 원하고, 물질은 정신으로 나아가길 원한다. 이런 천사의 출현은 신비이자, 원형상의 경험이며 정신세계와 물질세계를 매개하는 사이코이드psychoid 이 용어를 '정신과 비슷한' 혹은 '정신양'으로 번역되는데, 집단 무의식의 관조될 수 없는 정신의 특성을 말하며, 어떤 원형은 근본적으로 미지의 것을 표현하지만 정신과 물질 사이에 경험할 수 있는 연결로 실질적으로 드러나며, 원형의 초월적인 특성을 나타낸다. 사건으로 규정할 수 있다.

    토비야의 어머니, 안나는 그의 아들을 보내면서 눈물을 흘리며 토비트를 원망한다(5:17). 이 어머니는 아들을 그 품에 붙잡아 두기를 원하며, 아들의 독립적인 삶을 무의식적으로 방해하는 전형적인 모습을 내비친다. 그런데 떠나는 길에 개가 함께 한다(6:2). 돌아오는 길에서 개가 함께 한다(11:4). 토비야의 여정에서 개가 또 다른 길동무 역할을 한다. 토비야에게 있어서 라파엘은 정신적인 상으로, 개는 본능적인 상으로 작용한다고 볼 수 있다. 이런 정신적인 상과 본능적인 상은 정신과정의 균형을 잘 드러낸다. "비록 하나의 과정이 정신적으로 또는 본능적으로 설명되어지는지의 문제가 어둠 속에 가려져 있지만, 정신적 과정은 정신과 본능 사이를 흘러가는 에너지의 균형처럼 보인다. 그런 평가 또는 해석은 전적으로 의식적 마음의 입장이나 상태에 의존한다."[79] 토비야가 새로운 집단 정신의 원리로 성장하기 위해 또는 자기의 상

---

79) Jung CG(1969) : *The Structure and Dynamics of the Psyche*, C.W.8, Princeton University Press, Princeton. C.W.8, par407.

으로 발전하기 위해 가장 고상한 정신에 대한 평행추로서 동물적 본능의 요소인 개는 반드시 필요할 것이다. 참으로 아름다운 멋진 장면이 아닐 수 없다.

"(신이) 짐승 모습을 한 상징체계는 언제나 동물의 차원에서, 즉 본능의 영역에서 발생하는 정신적 과정의 조짐이다."[80] 그렇다면 개가 지닌 본능적 요소는 무엇인가? 동물이 본능적 요소로 이해된다면 전적으로 그것은 무의식 속에 알려지지 않은 요소이다. 본능은 원형과 더불어 서로 떼어내어 생각할 수 없는 생명의 현상으로 집단무의식의 구성 요소이다. "본능은 한편으로 생리적 역동으로 체험되고, 다른 한편으로, 다중적 모습이 상과 상의 집합의 결합으로 의식에 나타나고 생리적 충동과는 극명하게 대립되는, 혹은 대립되는 것처럼 보이는 누미노제(신성력)의 작용으로 전개된다."[81] 이런 의미에서 본능은 그 자체로 다 이해할 수 없다. 동물은 합목적적 충동으로서의 본능을 충실하게 이행함으로써 집단무의식의 법칙을 수행해간다. 이런 의미에서 볼 때 동물은 인간 이하의 저급한 충동의 요소를 넘어서 신성함까지 고려할 수 있다. 고대인이나 원시인들에게 있어서 동물은 하나의 신상과 연결되어진다. 그들은 동물과 관련된 수많은 이야기와 신화를 가지고 있고, 동물은 신과 같다. 문명의 발전과정에서 동물 형태의 신상에서 반신반인 animal-people gods 그리고 사람으로 신상의 모습은 변해갔다. "이것은 우리가 점진적으로 특별하게 인간의 행동특성을 의식화해

---

80) Jung CG(1989) : 앞의 책, C.W.14, par178.
81) Jung CG(1969) : 앞의 책, C.W.8, par414.

왔던 과정 속에서 의식의 발달을 반영한다."[82] 동물들은 종교적 의례와 밀접한 연관이 있고, 동물들은 종교의 근원이었다. 폰 프란츠는 본능의 중요성에 대하여 다음과 같이 설명한다.

> ...원시사회에서 종교는 매일의 삶 속에 스며들어 있다. 원시인들은 사냥을 나가기 전에 사냥의 의례가 있고, 만일 의례를 하는 동안에 사고가 나면 그들은 사냥을 나가지 않는다. 거기에는 신비적이거나 초월적이거나 특별한 것이 아무 것도 없다. 기본적인 종교적 태도는 생존의 관념과 연결되어지고 그러므로 종교적이라는 것은 생존을 지속하는데 직접적인 이익이다... 본능 뒤에 또한 종교가 있었다. 또는 종교는 본능적이고 완벽하게 자연적인 어떤 것이었다. 왜냐하면 자연적 인간은 종교적 인간이기 때문이다.[83]

우리 자신의 무의식적 정신의 한 부분을 구체화하는 동물은 개인과 시대에 중요한 의미를 던진다. 개는 고대로부터 현대에 이르기까지 인간과 함께 살아왔던 동물로서 특히 중요한 본능적 의미를 제공한다.

폰 프란츠는 개에 대한 여러 확충들을 그녀의 책인 《융학파의 꿈해석 The Way of the Dream》과 《민담의 심리학적 해석 The Interpretation of Fairy tales》에서 잘 정리하였다. 개는 동물

---

[82] Von Franz Marie-Louise(1999) : *Archetypal Dimensions of the Psyche*, Shambhala, Boston, p111.
[83] Von Franz Marie-Louise(1980) : *Alchemy*, Inner City Book, Toronto, p97.

들 중에서 인간에게 가장 순응한 동물로서 수렵사회에서 사냥에 도움이 되었고, 유목과 농경사회에서는 가축 떼를 보호하였고, 도둑이나 강도로부터 집과 사람을 지켰다. 개는 인간성에 부합되도록 적응된 본능으로 인간의 조력자이자 친구이다. 개는 모든 문화권에서 이승과 저승을 안내하는 인도자, 영혼의 인도자 역할을 한다. 영원한 삶의 감시자(하데스의 케르베루스$^{Cerberus\ of\ Hades}$)로 간주되었고, 이집트 신화에서 자칼 머리를 가진 아누비스^{Anubis}는 지하세계로의 안내자였고, 부활의 대행자였다. 그리스에서 개는 풀을 먹음으로써 자신을 치유하는 방법을 알았기 때문에 치유의 신, 아스클레피오스^{Asklepios}에 속해 있었다. 개는 자신의 영역과 남의 영역을 구별하는 영역적인 측면$^{territorial\ aspect}$를 지닌다. 생물학적으로 볼 때 개는 코로 방향을 잡기 때문에 본능적인 섬광이나 직관을 나타내기도 한다. 이런 개는 사람과 동물의 본능 즉 인간화된 본능이자 이 세계와 저 세계를 연결하는 관계성의 정수이다. 폰 프란츠는 이븐 우마일$^{Ibn\ Umail}$의 본문에서 "개를 절대적으로 신뢰할 수 있는 충성심, 완벽하게 신실한 에로스"로 해석한다. "진정한 개는 야생 동물로부터 인간의 측면으로 넘어온다. 개는 어떤 다른 동물보다 더 길들여진다. 그러므로 개는 동물적 본능과 문화적 의식의 대극의 연합을 상징한다."[84]

그러나 개는 발작과 광증을 수반하는 부정적인 특징을 지닌다. 개는 길들여지지 않은 파괴적인 공격성의 측면으로 두려움의 대상이 되기도 한다. 지옥의 문을 지키는 머리를 셋 가진 케르베

---

84) Von Franz, Marie-Louise(1999) : 앞의 책, p165.

루스는 로고스에 점유된 특성으로 활성화된 공격적, 파괴적인 본능성을 드러낸다. 디아나^{Diana} 로마의 들짐승과 사냥의 여신으로 그리스의 아르테미스와 동일한 여신가 등장하는 자리엔 언제나 그녀의 사냥개로서 그녀의 어두운 측면을 나타내는 개가 동행한다. 그녀의 어두운 측면은 그녀가 파괴와 죽음의 여신이라는 사실에서 드러난다. "그녀는 자신이 목욕하는 것을 사냥꾼 악타이온^{Actaeon}이 몰래 숨어 훔쳐보자 그를 수사슴으로 변신시켰으며, 그러자 악타이온의 사냥개들이 주인을 몰라보고 갈가리 찢어버렸다. 이런 개는 공격적이고 보복적인 측면을 드러낸다."85) 융은 "연금술사 필라레타의 〈인트로이투스 아페르투스Introitus apertus〉에서 코라신^{Corascene} 광견에 물린 전염된 유아 자웅동체에 대한 이야기를 한다. 위험한 광견은 유아자웅동체를 전염시켜 정신적 장애를 일으킨다."86) 이런 개의 측면은 정신적 장애를 일으키는 본능으로 이해할 수 있다. 개의 에로스의 어두운 측면은 사랑에 미치게 하는 독이자, 아프로디테의 마법의 허리 띠인 '케스토스 히마스'$^{Kestos\ Himas}$가 된다. 이런 개의 본능적 요소를 명확하게 일반화할 수 없는 것은 자명하고, 개인의 연상과 확충을 통해서만 이해 가능한 것이다. 여기에서 개가 등장하는 세 가지의 꿈의 사례를 살펴보고자 한다.

다음은 저승과 이승의 세계를 인도하는 안내자로서 개와 관련한 꿈이다. 35세 한 여성이 사고로 인하여 코마상태에 있을 때 꾼 꿈이다.

---

85) Jung CG(1989) : 앞의 책, C.W.14, par188.
86) Jung CG(1989) : 앞의 책, pars182-183.

그녀는 저승의 명부를 들고 있는 염라대왕 앞에 서 있다. 그는 명부를 보더니 그녀 곁에 서 있는 흰색 도포를 입은 저승사자에게 이 여자를 이곳으로 잘못 데리고 왔으니 돌려보내라고 한다. 저승사자는 저 흰 개를 따라서 가라고 그녀에게 말한다. 그녀는 흰 개를 따라서 가다가 절벽과 절벽 사이 외나무 다리에 도달하고 그 다리를 개가 먼저 가고, 뒤따라간다. 그런데 중간쯤 걸어갔을 때 그 개는 사라지고 외나무 다리도 없어진다. 절벽 아래로 떨어지면서 깨어난다.

죽음의 세계에 명부가 있다는 것은 종교적 문헌과 신화에서 잘 알려진 내용이다. 계시록에 등장하는 생명책과 불교에서 열 명의 죽음의 왕을 통과하는 시왕경^{불설예수시왕생칠경}에는 이런 명부의 책에 대하여 기록하고 있다. 이집트 '사자의 서'에서는 오시리스 법정의 아누비스가 아니^{Ani}의 심장을 계량하기 위해 저울 한쪽에 진리를 상징하는 토트^{Thot}의 신의 깃털을 올려놓고 옆에서 기록을 한다. 길가메쉬 서사시에서도 하늘의 황소를 죽인 엔키두^{Enkidu}와 길가메시^{Gilgamesh}는 신들의 노여움을 사서, 신들은 결국 엔키두를 죽이기로 결정한다. 엔키두가 꿈 속에서 죽음의 세계를 방문했을 때 벨릿세리^{Belit-Sheri}[87]는 신들의 말을 기록하며 죽은 자의 명부를 지키고 있는데 명부를 읽다 그 중 하나를 들더니 엔키두를 쳐다보며 누가 이 사람을 데려왔는지를 묻는다.[88] 이런 죽음의 세계의 책은 집단무의식에 있는 의식으로부터 침전된 기록물이자 개인과 집단에 대

---

[87] 지하세계 신들의 서기관 겸 조수
[88] 샌다즈N.K, 이현주 옮김(2002) : 《길가메시 서사시》, 범우사 서울, pp68-69.

한 선험적 지식이 담긴 객체정신의 절대지로서 이해할 수 있다.

한국의 무속신화에서 흰 개는 저승에서 이승으로 가는 길을 안내한다. 차사 본풀이에서, 염라대왕은 자신을 만나고 돌아가는 강님이 이승으로 가는 길을 가르쳐 달라고 하자, 흰 강아지 한 마리를 내 주고 떡 세 덩이를 겨드랑이에 안겨주면서, "이 떡을 조금씩 떼어 강아지를 달래며 뒤따라가면 알 도리가 있으리라" 하였다. 강님은 강아지를 앞세워 따라가다 강아지가 싫증난 듯 할 때마다 떡을 조금씩 주었다. 앞장 서가던 강아지는 행기 못에 이르자 달려들어 강님의 목을 물고 행기 못으로 풍덩 빠졌다. 놀라 눈을 떠보니, 강님은 이승에 와 있었다.[89] 이런 흰 개는 이승과 저승을 안내하는 영혼의 인도자로서 기능하는 본능적 요소일 것이다.

다음은 30대 초반 학업과 직장을 병행하면서 심각한 부적응을 경험하던 남성의 꿈으로서 피흘리는 개에 관한 내용이다.

나는 시골에 있다. 몇 몇 사람들과 MT를 한 것 같다. 그 시골집을 떠나려고 하는데 작은 강아지가 함께 하고 있다. 어디선가 총알이 날아와 그 강아지에게 상처를 입힌다. 가슴 쪽에서 피가 많이 나는데 강아지는 사람처럼 자신의 앞다리로 상처를 잡는다. 나와 일행은 그 강아지를 보며 안쓰럽기 보다는 일정이 늦어질 것 같아서 짜증이 난다. 강아지를 수레에 태워 길을 재촉한다. 얼마 지나지 않아 한 할아버지가 강아지가 불

---

89) 한국문화상징사전편찬위원회(2006) : 앞의 책, p23.

쌍하지 않느냐고 말한다. 그의 말을 듣고, 나는 강아지가 불쌍하다고 생각하였고, 그 강아지의 상처를 물로 씻어준다. 나는 강아지에게 '괜찮니'라고 말한다. 강아지가 사람처럼 말한다. "이런데 괜찮겠냐?" 나는 미안한 마음이 든다.

꿈에서 강아지가 가슴에 상처를 입고 피흘리는 것은 본능상$^{\text{instinctual}}_{\text{image}}$에 심각한 손상을 입었음을 드러낸다. 개는 인간성에 부합하도록 적응된 동물임을 이미 밝혔다. 꿈의 자아에게 있어서 이 개는 외부세계 적응을 돕는 어떤 충직하고, 충성스런 본능적 태도를 대변하는 듯 보인다. 총알로 인하여 상처를 입은 것은 목표지향적인 태도가 본능에 손상을 가하면서 정서적으로 고통받고 있음을 시사한다. 업무를 위해 개의 상처를 무시하고 가려했지만 낯선 평범한 할아버지는 꿈의 자아의 잘못된 태도를 지적하고 상처 입은 본능상에 주목하도록 한다. 노현자는 "감추어진 의미를 나타내는 정신의 원형"90)으로 "꿈에서 마법사, 의사, 사제, 교사, 교수, 할아버지 또는 어떤 권위를 가진 특정한 인물로 나타난다."91) 꿈에 나타난 노인의 상은 내적, 외적인 이유로 해서 이러한 일을 스스로 완수할 수 없기 때문에 그 결핍을 보상하면서 이에 필요한 인식이 의인화된 사고의 형태로, 바로 조언과 도움을 주는 노인의 모습으로 등장하는 것이다.92) 노인은 한편으로는 지식, 인식, 숙고, 지혜, 영

---

90) Jung CG(한국융연구원 C.G.융 저작번역위원회 옮김)(2002a) : 앞의 책, p148.
91) Jung CG(한국융연구원 C.G.융 저작번역위원회 옮김)(2002a) : 앞의 책, pp285-286.
92) Jung CG(한국융연구원 C.G.융 저작번역위원회 옮김)(2002a) : 앞의 책, p288.

리함과 직관을, 다른 한편으로는 호의와 협조와 같은 도덕적 특성을 나타낸다.93) 개와 노인은 완벽하게 균형적으로 등장한다. 노현자의 충고 후에 꿈의 자아는 동물의 소리를 듣게 되고, 미안한 마음을 갖게 된다. 우리가 종종 꿈에서 동물의 상이 공격적이고 무섭고, 불쾌하게 등장할 때 그것은 의식의 태도가 본능과 상당히 모순되어 있음을 드러낸다. "의식적인 태도가 진정한 본성과 불화에 있는 사람은 무의식에 대한 두려움을 갖게 된다. 자연적으로 꿈은 불쾌하고 무서운 형태를 취하게 된다. 왜냐하면 자연은 침해당하면 분노를 취하게 되기 때문이다."94) 여기에서 나는 남성에게 개의 본능적 요소와 여성에게 개의 본능적인 요소가 달리 적용될 수 있음을 말하고 싶다. 이 꿈에서 개의 본능은 남성에게 있어서 외부세계의 적응을 돕는 측면으로 로고스를 활성화시키는 요소로 표명하려 한다. "아라투스(Aratus: 기원전 3세기)는 로고스를 개, 개는 어떤 신성한 로고스이기에 살아있는 것과 죽은 것을 판단하는 판사로 표현한다."95) 이 남성은 정서적 충동에 시달리고 있었고, 무분별함으로 삶의 질서와 균형감이 깨어진 상태였다. 이 꿈에서 노인과 개는 정신과 본능의 짝으로 삶의 질서와 균형, 외부세계의 적응을 돕는 측면일 것이다.

다음에 소개할 50대 초반의 여성의 꿈은 새로 직장을 이직한 후에 심각한 부적응으로 힘들어하는 중에 꾸었다.

---

93) Jung CG(한국융연구원 C.G.융 저작번역위원회 옮김)(2002a) : 앞의 책, p293.
94) Jung CG(1989) : 앞의 책, C.W.14, par184.
95) Jung CG(1989) : 앞의 책, par176.

창녀 같은 여자가 다음의 성교 상대를 기다리며 다리를 벌리고 앉았다. (이미 많은 남자를 상대한 후인 듯, 다리를 180도도 넘게 활처럼 버리고 있다) 다음 상대가 나인데, 나는 남자의 성기를 가지고 있다. 이미 많은 남자를 상대한 후라 아마도 아무런 느낌도 느끼지 못할 것 같았다. 그런데 조금씩 느껴지기 시작할 때쯤 누군가(사람은 보이지 않고 목소리만 들린 듯)가 멈추게 해서 더 이상 진행되지는 못했다.

우리 강아지 4마리와 나는 식사를 위해 식당을 찾아 가고 있다. 내가 3마리를 데리고 가고 있고, 할머니가 데리고 간 1마리가 보이지 않는다. 식당에 도착하니 할머니와 강아지가 이미 와서 자리를 잡고 있었다. 우리는 식사를 하고 강아지들은 식당 안을 마음껏 돌아다니는데 고기 굽는 불이 너무 위험해 보여 그 중 한 마리를 들어 올리니 원래 검정 털 강아지인데 털을 바짝 깎아서 머리만 검정색이고, 몸은 살색이고 중간 중간 염색을 했는지 검정 점박이 모양이 그려져 있다. 너무 작고 말라서 한 손으로 들기에도 가볍다.

꿈에서 창녀 같은 여성은 꿈꾼 이에게 미분화된 감정 요소를 대변하는 것으로 보여진다. 이런 감정적 요소는 남성들과 성교를 통하여 정신의 활력을 얻으려는 시도를 계속적으로 한 것으로 보여진다. 이런 감정적 요소는 어떤 활력이나 생산물을 얻기 보다는 계속적으로 희생당으로써 정서적 열등감을 유발시킨다. 이런 배경에는 지나치게 자신의 일을 잘 처리하고 인정받으려하는 남성적 사고에 사로잡혀 있기 때문일 것이다. 또한 이런 창녀는 정신적 내용들에 매혹되어 접촉하며 살았던 여성적 요소로 이해할 수 있으며, 실제적으로 남성적 일들을 다루느라 지쳐 있는 상태에 있음을 드러내는 것으로도 고려할 수 있다. 남자의 성기를 가진 모습을 한 꿈의 자아는 그 창녀 같은 여성과 관계하려고 한다. 꿈의 자아는 스스로 남성적 인격과 동일시되어 있는 것으로 보여진다. 그래서 여성으로서 생산적인 삶이 아닌 무의식적 남성적 인격으로 어떤 생산물을 창출하려고 시도하는 것처럼 보인다. 그러나 이런 남성 성기를 달고 있는 것은 꿈꾼 이가 가진 역동적이고, 창조적이며 생산적인 측면일 수 있다. 그때 목소리가 성교의 행위를 중단시킨다. 목소리는 내면의 절대적인 권위의 특성을 지니며, 결정적인 순간에 등장한다.

    이어지는 꿈에서 강아지 네 마리와 할머니와 함께 식당에 간다. 꿈에서 할머니는 현실과는 전혀 연관이 없는 낯선 여성상이다. 이런 여성상은 길러내고 보호하고 자양분을 주는 생명의 원리로서 모성적인 특성을 지닌다. 이런 낯선 여성상과 함께 개 네 마리와 함께 식사를 한다. 식당에서 식사를 하는 것은 집단적인 영역에서 어떤 자양분을 얻는 것으로 이해할 수 있다. 여성적 본성이 실질적으로 고기를 굽고 준비하는 것은 도움을 주는 요소로 보여진다. 강아지들은 외부세계, 특별히 외부적인 일에 적응하기 위해 나타난 활성화된 본능으로 고려할 수 있다. 그런데 한 마리 강아지는 검은색 털에 살색으로 불과 가까이하려 한다. 검은색과 살색은 어둡고 대지적이며 알려지지 않는 색과 신체를 강조하는 듯 보인다. 이런 강아지는 타오르는 충동과 정서에 가까이 다가가려 한다. 꿈의 자아는 이런 본능적 요소가 상처를 입지 않도록 주의를 기울이고 있다. 이런 강아지들은 외부세계 적응을 돕는 활성화된 본능적 요소와 자신의 신체적 활력을 끌어올리는 본능상으로 고려할 수 있다.

　이전 남성의 꿈 사례에서 할아버지가 지시적이었다면 대조적으로 여기에서 할머니는 고기를 구을 준비를 하고 먹거리를 함께 한다. 네 마리의 강아지는 그녀가 돌봐야 할 여성적 본능으로 외부적인 일을 감당하면서 적응해야 하는 에로스의 측면으로 고려할 수 있다. 여성은 남성적 요소와 동일시되어 역할을 수행하는 것이 아니라 여성적 본성, 에로스의 원리를 가지고 외부세계의 역할과 과제를 적응해가야 한다. 그럴 때만이 자신의 본성을 잃지 않을 수 있다. 이미 언급한 대로 개별사례가 개의 본능적 요소를 확정할 수 없다. 그러나 여성에게 달이 의식이고 남성에게 태양이 의식이듯이 여성에게 있어서 개와 남성에게 있어서 개는 같은 본능임에도 불구하고, 부적응의 문제를 겪고 있는 남성과 여성에게 각각 개의 본능은 남성에게는 인간성에 적응되도록 하는 로고스로, 여성에게는 에로스를 분화하고 활성화하는 본능적 요소로 고려해볼 수 있다.

　다시 우리의 이야기로 돌아와서 토비야는 율법과 신념을 따라서 산 낡은 정신의 원리인 아버지와는 대조적으로 개의 본능적 요소와 긴밀한 관계를 맺고 있으며, 하부의 본능적 충동과 친해졌음을 보여주고 있다. 도움을 주는 동물은 "인간 안에 동물적 본능으로서 처음에 나타나는 어떤 것을 구체화하지만 개성화의 비밀 즉 내면의 전체성의 획득이 뒤에 감추어진 어떤 것을 구체화한다."96) 위의 세계로서 정신과 아래의 세계로서 본능과 물질성은 동일하다. 이런 본능은 유대교 세계관과 기독교 세계관에서 무시하고, 배제한 측면으로 오늘 우리 시대에 중요한 의미를 던져준다. 융은 본능적 본성으로부터 분리된 문명인의 위험성에 대하여 언급한다.

> 본능적 본성으로부터의 분리는 불가피하게 문명화된 인간을 의식과 무의식, 정신과 본성, 지식과 믿음의 충돌, 즉 인간의 의식이 그의 본능적 측면을 더 이상 소홀히 하거나 억압할 수 없는 그 순간 병리적이 되는 분열에 빠지게 한다.97)

---

96) Von Franz Marie-Louise(1999) : 앞의 책, p93.
97) Jung CG(1970) : *Civilization in Transition* C.W.10, Princeton University Press, Princeton, par558.

2. 물고기의 이중성

토비야는 길을 떠난다. 니너베에서 악타바타 또는 메디아로 가는 것은 지도상으로 위에서 아래로의 길, 무의식으로의 하강의 여정이다. 그 여정의 첫 날 밤에 발을 씻기 위해 티그리스 강에 내려갔다(6:3). 그 때 커다란 물고기가 물에서 뛰어올라 청년의 발을 삼키려 한다. 강에서 발을 씻으려한다는 것은 마치 예수와 제자들의 세족의식처럼 정화의 행위, 즉 일종의 세례로 볼 수 있다. 이런 씻음은 새로운 존재로의 다시 태어남을 위한 출발이다. 정화mundificatio는 뒤섞인 것을 구별하는 작업이다. 무의식 안에 혼합되어 있고, 오염되어 있는 것을 걸러내고 분리하는 과정이다. 이런 정화의 작업은 연금술에서 백화albedo로서 씻어냄, 오염되지 않음, 분리함의 의미를 지닌다. 이런 백화는 연금술이나 개인의 의식에서 분리나 투사를 거두어내는 과정이다. 청년은 지금까지 무의식, 어머니의 지배력 안에 있었고, 이제 무의식적 부모의 세계로부터 떨어져 나와서 정신적 독립을 위해 이런 정화의 과정을 시행하려고 한다. 발을 씻는 것은 현실을 딛을 수 있는 활동과 기능을 위한 자신의 입장과 태도의 쇄신을 의미한다. 이런 젊은이의 씻음은 낡은 집단의식의 정신과 삶의 원리로부터 분리함으로써 새로운 의식의 입장을 획득하려는 시도일 것이다.

그런데 티그리스 강[98])에서 커다란 물고기가 튀어 올라와 그

---

98) 티그리스 강은 고대 메소포타미아 문명의 발상지이자 에덴동산을 에웠웠던 세 번

의 발을 삼키려고 한다. 이런 현상은 무의식에서 갑작스럽게 튀어나오는 물고기 또는 뱀의 특성을 보여준다. 왜 갑작스럽게 물고기가 출현하는가? 융은 《아이온Aion》에서 물고기에 대한 다양한 확충작업을 했다. 본 소고에서는 우리의 이야기와 연관되어 있는 내용들을 중심으로 살펴보고자 한다. 물고기는 무의식의 자율적 내용이다. 물고기는 냉혈동물로 인간성과 상당히 거리가 먼 본능적 요소이다. 물고기는 역동적인 추진력을 가지고 있기 때문에 리비도의 활력으로 고려할 수 있다. 코란에서 "모세와 그의 종 여호수아가 여행을 하다가 물고기를 잃어버린다. 구원이란 뜻을 지닌 여호수아는 눈Nun의 아들이다. 눈은 물고기를 의미한다. 이런 물고기는 생명력을 가리키며 구원과 연관되는 여호수아와 연결된다."[99] 40대 초반의 한 여성은 치과치료를 받고 아무 것도 먹지 못하는 고통 속에 있을 때 다음과 같은 꿈을 꾼다.

나는 바닷가에 있다. 물고기를 잡아서 저녁으로 요리를 해먹기 위해서이다. 나는 한 쪽에 통을 하나 들고 있다. 해변에 가만히 앉아 있는데 물고기가 먼 바다로부터 뜬 채로 밀려온다. 나는 몇 마리 물고기를 통에 주워 담는다. 나는 통을 들고 집으로 향한다.

째 것으로 이 강은 앗시리아의 동쪽 편으로 흐른다. 나세네스파인들은 낙원의 세 강을 감각적인 기능들로 보았다. 비손은 시각, 기혼은 청각, 그리고 티그리스는 후각이다. Jung CG(1978) : 앞의 책, C.W.9ⅱ, par311. 티그리스은 어원적으로 수메르어 '인디그나Indigna'로서 '급류의 강swift river'라는 의미를 지닌다.
99) Jung CG(1978) : 앞의 책, par157.

이 여성은 신체적인 활력을 상실한 상태에서 꿈을 꾸었다. 무의식으로부터 물고기가 떠내려온다는 것은 본능적 활력을 보충하기 위해서 물고기가 등장한 것임을 짐작할 수 있다. 물고기를 먹는 것은 리비도의 활력을 동화하는 것으로 이해할 수 있다. 이런 물고기의 꿈은 소진된 신체활력과 의식을 균형을 맞추려는 무의식의 시도임을 짐작할 수 있다.

그런데 토비야에게 있어서 물고기는 집어삼키려는 특성을 보이고 있다. 이런 물고기는 영웅신화나 종교문헌에서 집어삼키는 어머니, 곧 무의식의 특성을 지닌다. 아들의 독립과 분화발전을 저지하려는 사로잡는 모성과 비교된다. 라파엘이 청년에게 물고기를 잡으라고 가르치는 것은 모성상에 대항하는 정신적인 상의 지시로 고려할 수 있다. "물고기는 인식 가능한 온갖 형식의 삼키려는 욕망을 대변한다. 물고기들은 야심적이고, 육욕적이고, 탐욕스럽고, 식욕이 강하고, 유혹적인 것으로 여겨진다. 물고기는 세속의 허영의 상징이고, 쾌락의 상징이 된다. 이런 상징적 의미는 사랑의 여신이자 어머니인 이슈타르^{Ishtar}나 아스타르테^{Astarte}, 아타르가티스^{Atargatis} 혹은 아프로디테^{Aphrodite}와 관계되기 때문이다."100) 아프로디테는 쌍어궁에서 최고 성위의 자리를 차지한다. 점성술에서 이 두 마리 물고기는 어머니와 아들이다. 아프로디테와 연관된 물고기는 어머니로서 아들을 삼키려는 무의식을 의미한다. "물고기자리와 연관된 신은 비슈누, 아프로디테, 에로스, 티폰, 포세이돈 그리고 그리스도가 있다."101) 어머니가 아들을 집어삼키는 것은 어머니가

---

100) Jung CG(1978) : 앞의 책, par174,

아들을 점유하는 것으로 근친상간적 위협이다. 근친상간적 위협을 극복함으로써 리비도가 퇴행하는 방식을 제지하고, 리비도는 다시 전진할 수 있게 된다. 토비야가 새롭게 발전해야할 집단의식의 정신원리라면 이 물고기는 집단무의식의 생명의 원리라고도 볼 수 있다. 의식의 갱신은 무의식의 위협과 침범을 통해서 드러난다. 이런 위협과 집어삼킴은 새로운 집단의식의 갱신을 위한 필수 과정이다. 아들이 근친상간의 경향을 의식하지 못하므로 그 성향이 어머니나 어머니 상에 투사되면 근친상간의 경향은 어머니의 갈망으로 혹은 아니마의 욕구로 나타난다. 이때 무의식의 요구를 주의 깊게 고려해야한다. 의식이 무의식에 대하여 비협조적일 때 의식은 더 큰 위험에 빠질 수 있기 때문이다. 새로운 집단정신의 원리로 부상하였지만 낡은 집단정신의 원리를 답습하거나 그것을 단순하게 바꾸는 방식으로는 집단의 정신원리는 갱신될 수 없다. 전적으로 새로운 것은 무의식의 내용이 의식으로 진입할 때만이 가능하다. 물고기로 대변되는 갑작스런 집단무의식의 위협은 무의식의 어떤 목적을 드러내고, 새로운 집단정신의 원리를 구성할 수 있도록 집단정신의 개신과 재탄생을 위한 시도임을 짐작할 수 있다.

그러나 우리의 이야기에서는 갑작스럽게 물에서 튀어나온 물고기는 청년을 집어삼키지 못한다. 이런 갑작스런 물고기의 출현 배경은 청년의 정화작업을 위한 시도 덕분이다. 자신의 입장과 태도를 쇄신하려는 전환의 행위는 무의식에서 어떤 창조적인 내용을

---

101) Battistini, Matilde(2007) : *Astrology, Magic, and Alchemy in Art*. Getty Publications, Los-Angeles. p62.

활성화시키는 것으로 이해할 수 있다. 30대 초반의 한 남성은 분석을 받고 싶었지만 용기를 내지 못하다가 일 년 후에 분석을 결심하고 분석받기로 약속한 후 다음과 같은 첫 꿈을 꾸었다.

나는 큰 호수 같은 곳에 있다. 나는 물고기의 먹이를 주고 관리하는 사람인 듯 한다. 나는 한 손에 통을 들고 그 속에 있는 물고기 밥을 호수에 뿌린다. 그 때 호수 안에서 커다란 물고기가 튀어 오른다. 나는 당황하며 뒷걸음친다. 물고기가 높이 솟아오른 후에 다시 물 속으로 들어간다...

꿈 꾼 이가 꿈의 세계에 주목했을 때 꿈은 꿈의 자아를 물고기를 기르는 사람으로 설정하였고, 무의식의 내용물인 물고기는 창조적인 활력으로 그 모습을 드러낸다. 의식이 삶의 태도를 변화시키고, 무의식에 관심을 표명할 때 무의식은 창조적인 내용물을 활성화시킨다. 마찬가지로 갑작스럽게 물고기가 튀어나온 이유는 토비야에게 창조적인 활력을 불어넣기 위한 의도가 담겨있다. 그래서 그 물고기는 청년의 양식으로 작용한다. 청년에게 있어서 물고기는 다가올 의식에 역동적 힘과 자양분을 제공한다.

유대인 전통에서 바다의 거대한 물고기, "리워야단Leviathan은 천국의 독실한 사람들을 위해 신성한 양식이 된다. 불사의 명약은 메시야 물고기 리워야단의 살점이다. 독실한 유대인들은 죽은 뒤에 물고기 옷을 입는다. 그리스도도 역시 성찬으로 먹히는 물고기이다."102) "유대인 전통에서 물고기의 역할은 아마 수로보니게 사람들^{Syrophoenician}이 아타르가티스^{Atargatis} 신을 믿으며 물고기를 숭배하는 것과 어떤 식으로든 연결되었을 것이다. 아타르가티스 신전에는 신성한 물고기들이 헤엄치며 노는 연못이 있었으며, 누구도 이 물고기를 건드리지 못하게 되어 있었다. 다른 한편 그 신전에서 의례의 일부로 물고기 요리를 먹었다. 리키아^{Lycia}에서 사람들은 신성한 물고기, 오르포스^{Orphos} 또는 디오르포스^{Diorphos}를 숭배했는데 이 신은 셈족의 물고기 신들, 말하자면 오아네스^{Oannes}나 바빌론의 눈^{Nun}, 다곤^{Dagon}, 아도니스^{Adonis} 등 그리스인들이 익투스^{Ichthys}라고 부른 신들의 한 변형이다. 물고기는 신의 공물로 쓰였다. 이집트에서도 물고기를 숭배하였다."103) 신성한 정신적 대변자인 라파엘의 지시는 청년에게 어떤 의미를 포착할 수 있도록, 무의식적 내용물을 동화할 수 있도록 안내한다. 청년은 물고기를 잡는 구체적인 시도를 통하여 신성한 음식인 물고기를 먹음으로써 강화되고, 무의식적 내용을 동화하게 된다.104)

물고기는 집어삼키고, 깨끗하지 못하고 탐욕스런 측면임과 동시에 활력을 제공하고, 생명력을 주는 측면으로 죽음과 재생의 이중적이고 역설적인 본성을 나타난다. 40대 초반의 한 여성은 자신의 삶의 환경으로 너무나 지친 상황에서 가시물고기에 관한 꿈을 꾼다.

---

102) Jung CG(1978) : 앞의 책, par174. par178.
103) Jung CG(1978) : 앞의 책, par186.
104) 사실 이런 물고기를 먹는 청년의 모습은 근친상간적 주제와도 연결된다. 이런 근친상간의 원형은 아버지가 아들로 다시 태어나는 원시적 관념에도, 어머니와 아들의 신성혼에 작용을 하는데 이것은 부활과 재생을 패턴을 나타낸다고 볼 수 있다.

그녀는 맑은 물이 흐르는 계곡에 있었다. 그녀는 물속에서 가시 돋힌 큰 물고기를 기분 좋게 잡아 올린다. 그런데 그 가시 돋힌 큰 물고기를 가슴으로 안는다. 그녀는 이 물고기가 자신을 고통스럽게 하지만 안아야만 한다.

이 물고기는 그녀가 짊어져야할 숙명인 것처럼 보인다. 이 물고기는 삶에 활력을 주지만 고통을 주는 이중적 본성을 지닌다. 이런 이중적 본성을 지닌 물고기는 전체성의 측면으로서 자기의 상이다.105) 역설적 본성, 대극의 본성을 자체로 가진 자기의 상이다. 이런 상징의 출현은 사람들의 무의식 안에서 잠재되어 있는 내용을 산출함으로써 개인의식과 집단의식을 재조정한다. 이런 상은 이전에 인식되지 못하던 의식의 방향과는 다른 목표를 설정함으로써 의식의 변환과 발전을 꾀한다. 의식이 적응과 변환을 필요로 할 때 무의식적인 내용물이 동화됨으로써 의식은 새로운 방향과 적응, 새로운 통찰이 생김으로써 인격은 발전해간다. 그러나 반대로 무의식 안에서 어떤 내용물이 활성화되어 의식이 적절하게 동화하지 못하거나 파악하지 못하고, 그 무의식의 내용물이 의식을 주도할 때는 신경증이 발생하게 된다. 자기의 상은 이런 압도하는 내용물로 의식을 사로잡는다. 자기는 의식적인 마음에 구축되기 때문에 의식의 도움 없이는 알려지지 않는다. 융이 말했듯이 "자기

---

105) 물고기의 이미지가 역사 속에서 그리스도라는 인물과 동등한 것으로 나타난 것은 무의식의 깊은 곳에서 나왔기 때문이다. 자기의 상으로 물고기는 그리스도이며, 이런 물고기 상징은 역사 속에서 그리스도라는 원형이 자리하는, 사람의 정신적 본성을 연결하는 다리이다. Jung CG(1978) : 앞의 책, pars285.

는 정말로 우리의 운명을 신비스럽게 안내하는 정신$^{spiritus\ rector}$이며 홀로 의식이 될 수 없다"106) 개인 뿐만 아니라 새로운 집단정신의 원리로 부상한 토비야가 물고기로 대변된 자기의 상을 동화해야만 하는 이유가 여기에 있다. 무의식의 내용물이 동화되기 시작할 때 개성화가 이루어지고, 집단정신은 비로소 갱신될 수 있다.

---

106) Jung CG(1978) : 앞의 책, par257.

제6장 | 사라의 치유와 혼인

1. 토비야와 사라의 만남 : 신의 섭리

2. 숫양을 먹는 토비야

3. 불의 작업 : 연소

4. 토비야와 사라의 결합

1. 토비야과 사라의 만남 : 신의 섭리

　토비야는 라파엘의 지시를 따라 쓸개, 염통과 간을 보관하고, 고기를 먹는다. 마침내 메디아지역에 가까이 이르렀을 때 토비야는 물고기의 내장들이 어떻게 약이 되는지를 라파엘에 질문한다. 라파엘은 그 이유를 설명해주고 나서 토비야에게 라구엘의 딸인 사라와의 혼인의 정당성에 대하여 언급한다. 그리고 일곱 남자가 죽은 일로 두려워하는 토비야에게 악마를 물리치는 방법과 합방의 과정을 설명한다. 그런데 이런 설명의 과정에서 라파엘은 토비야에게 결정적인 내용을 알려준다. 라파엘은 토비야에게 사라와의 혼인의 과정이 창세전부터 정해진 것임을 언급한다. "두려하지 마시오. 그 여자는 세상이 생기기 전부터 그대의 아내로 정해졌소. 그대가 이렇게 그 여자를 구해내면 그 여자는 그대를 따라나설 것이오(6:18)." 토비야와 사라의 만남은 하느님의 섭리임을 명백히 진술한다.
　'신의 섭리'이란 신의 의지에 의해 미리 정해진 바가 있으며 신은 인간의 의지와 관계없이 그 뜻을 실현시켜감을 의미한다. 성서에서는 이런 미리 정해진 섭리에 관한 내용을 자주 언급한다. 이집트의 총리가 된 요셉이 자신을 노예로 판 형들을 만날 때 자신에게 일어난 모든 사건은 하느님의 섭리임을 고백한다. 사도바울이 쓴 서신서나 베드로의 설교에서는 이런 미리 정해진 하느님의 섭리에 관하여 자주 언급한다.[107] 근대적 세계관이 이르기까지 어떤 사건의 배후에는 신이 있고, 그 사건은 신의 영향력이 행사된 작용으로 여겼다. 모든 만물에 신이 있고, 신이 작용하는 것은 현대인의 관점에서는 원형적 투사일 것이다. 섭리란 어떤 사건이 선행하는 신의 질서와 의도에 의해 드러나는 현상으로 볼 수 있다. 이런 '신의 섭리'란 심리학적으로 무의식은 어떤 패턴과 질서를 가지고 있으며, 선행하는 무의식의 배정으로 이해할 수 있다. 원형상은 어떤 패턴과 질서, 방향으로 어떤 사건에 작용하고, 그럼으로써 의미를 부여한다. "원형상은 무의식적인 정신 과정의 조직화를 떠맡고 있는 형식적인 요인이다. 즉 원형들은 '행동의 패턴들'이다. 동시에 원형은 어떤 특수한 전하$^{a\ specific\ charge}$를 가지고 있으며, 정동들^{affects}로서 스스로를 현시하는 신성력있는 영향을 발현시킨다."[108] 섭리는 무의식의 어떤 패턴으로서 선행하는 사건의 일정한 질서와 방향이다. 이런 면에서 섭리로 진술된 사건은 무의식의 선험적, 목적적 내용으로 고려될 수 있다. 그렇기에 이런 섭리는 인과율의 근대적 과학이론을 적용할 수 없다. 폐쇄적 섭리론은 철저히 인과적 원리로 적용될 수 있을 것이다. 그러나 무의식은 전적으로 알려지지 않은 것이기 때문에 원인을 규정할 수 없다. 더 정확하게 말하면 이런 무의식의 패턴은 원인을 모르기에 어떤 인과적 설명으로 해명할 수 없는 의미있는 배정으로 발생한다고 볼 수 있다.

이런 무의식의 어떤 패턴이 무의식을 남용하는 이들과 무의식

---

107) 로마서 8:29, 고린도전서 2:7, 사도행전 10: 41, 베드로전서 1:20
108) Jung CG(1969) : 앞의 책, C.W.8, par841.

에 압도당하는 이들에게는 맹신과 병적인 증상으로 드러나고, 집단적인 양상으로 드러날 때는 전체 인간사회에 치명적인 해악을 끼치게 됨을 주지해야 한다. 폐쇄적 섭리론을 제외한다면 신의 섭리로 어떤 사건을 규정하는 것은 전적으로 인간의 의식수준과 의식의 상태에 따라서 그 영향은 달라질 수 있다. 신의 섭리는 신과 인간 사이에, 즉 무의식과 의식 모두에게 의미있는 사건으로 수용될 때만이 질서와 방향, 치유가 일어난다. "의미가 펼쳐진 곳에 질서가 생겨나듯이"109) 그 섭리란 무의식과 의식 사이에 동일한 의미를 생성할 수 있을 때 하나의 창조적 과정, 곧 개성화에 이바지할 수 있다. 결국 섭리란 비인과적 사건들로서 기존의 것으로부터 생성될 수 없는 어떤 패턴의 끊임없는 창조의 과정으로도 고려할 수 있다. 이것은 새로운 의식의 창조를 목적으로 한다.

심리치료실에서 만나는 대부분의 내담자들은 이런 신의 섭리의 문제에 연루되어 있다. 정신장애를 가진 청소년을 둔 어머니가 심리치료실을 찾았다. 그녀는 어려서부터 정신장애를 앓고 있는 자녀에 대한 죄의식으로 모든 것을 희생하며 살았다. 그런 과정에서 자신의 삶 뿐 만 아니라 남편과의 관계가 망가져 있었다. 이런 엄청난 고통, 날마다 처참하게 십자가에 달린 듯 희생해야만 하는 삶은 누구도 경험해보지 않고서는 상상하기 힘든 문제일 것이다. 오롯이 당해야만 하고, 두 어깨로 짊어져야 하는 그 잔인한 현실 앞에서 감히 정신치료자가 그 어떤 말로 위로할 수 있으며, 어떤 치료행위를 한다고 거들먹거릴 수 있겠는가! 이것이 치료자가 스

---

109) Jung CG(1969) : 앞의 책, C.W.8, par922.

스로 체험되지 않는 고통의 문제 앞에서 낮은 자세로 포복해야하는 이유일 것이다. 나는 불가항력적으로 일어난 사건을 '신의 섭리'로 단언할 수 밖에 없다. 그 사건이 숙명의 과정으로서 무의식적 패턴이라면 그것은 당하는 수 밖에 별도리가 없지 않은가! 그 어머니의 우울의 배후에는 자신의 잔인한 운명을 수용하지 못한데서 기인한다. 대부분 내담자들은 무의식적 패턴 안에 일어난 사건과 환경을 내 것으로 받아들이려 하지 않는다. '신경증은 의미를 발견하지 못한 고통'이란 융의 말은 진리에 가깝다. 잔인하고 고통스럽게 펼쳐져버린 사건은 그 자신에게 일어난 무의식의 배정이기에 그것과 진정으로 관계를 맺고, 수용할 때만이 새로운 의미가 생성되고, 거기에 질서와 치유가 일어난다. 니체가 말한 '운명애'amor fati는 인간에게 때로 잔인하게 다가오는 무의식의 요구이기에 기꺼이 실패와 고통을 수용할 수 있는 자만이 가능한 진술일 것이다. 여기에서 융의 짜라투스트라의 세미나에서 자신의 숙명 앞에서 지친 이들에게 던지는 메시지를 다시 들을 필요가 있겠다.

> ... 당신은 자기가 해내고 싶어하는 실험이 무엇인지 물어야만 한다. 그 실험을 방해하는 모든 것은 피해야만 하고, 도움이 되는 모든 것은 살아내야만 한다. 그러면 당신은 그 자리에서 그 결과를 이해할 것이다.110)
>
> 그것(그 실험)은 하나의 질문이고 당신은 답을 찾아야 한다. 당신이 그 끝을 찾고, 그 끝을 저항하지 않고, 그 끝에 대한

---

110) Jung CG, ed, Jattett Jams L(1998) : *Jung's Seminar on Nietzsche's Zarathustra*, Princeton University Press, Princeton, p120.

확신을 살아내는 것은 명백히 삶이 살아주기 원하는 그 길이 다.111)

신의 숙명처럼 펼쳐진 무의식의 패턴을 살아내는 것이어야 말로 자기의 실험이며, 그 끝이 어떠하든 그 끝의 확신을 가지고 살아내는 것이 바로 자아가 받아들여야 할 삶의 방식이다. 이런 의미에서 섭리는 인간의 의식화를 촉구한다고 볼 수 있다. 더 나아가 욥처럼 자아가 신의 무의식적 패턴에 대하여 이의를 제기하며 그 엄청난 고통을 견뎌낼 수 있는 자는 신의 의식화, 신의 분화에 이바지할 것이다.

우리의 이야기에서 토비야는 라파엘로부터 사라가 자기 친족이고, 신이 예정한 사람임을 알게 되자 그녀를 매우 사랑하게 되고 그 여자에게 마음이 끌린다(6:18). 그녀를 만나기 전에 사랑하고 감정적으로 그녀를 자신의 일부로 받아들인다. 신의 섭리에 대한 인식은 감정의 변화, 어떤 삶의 질서와 방향의 동인이 됨을 알 수 있다. 무의식의 패턴에 대한 인식이 의식에게도 동일한 의미로 인식되는 순간 새로운 질서가 추동된다. 우리는 자신의 고유한 숙명을 알아채고 그 길을 갈 때 심리학적 발전, 개성화과정으로 나아갈 수 있다.

---

111) Jung CG, ed, Jattett Jams L(1998) : 앞의 책, p122.

2. 숫양을 먹는 토비야

토비야의 일행은 엑바타나에 들어가자 라구엘의 집에 들어간다. 라구엘은 토비야가 토비트의 아들임을 알게 되고, 그는 토비트가 실명한 사실을 듣고 운다. 라구엘은 토비야를 위하여 숫양 한 마리를 잡고 그들을 따뜻이 환대한다. 토비야는 사라가 자신의 배필로 허락되기 전까지는 식사를 하지 않겠다고 한다. 토비야의 간청에 결국 라구엘은 혼인계약서를 쓰고 사라를 토비야의 아내로 맺어준다. 그리고 준비된 숫양을 먹고, 드디어 첫 합방에 들어간다.

양[112]은 군집생활을 하는 온순한 동물로서 털과 우유, 고기를 인간에게 제공한다. 암수 모두 뿔이 있지만 수컷의 뿔이 훨씬 크다. 이런 양은 따뜻함과 온순함, 관대함과 연결된다. 그러나 맹목적이고 집단적이며, 고집스러움, 반항적인 특징을 가지고 있다. 양은 1년에 한차례 가을철에 교미를 했다가 봄철에 새끼를 낳는다. 이런 양은 새로운 것이 생성되는 시간에 생명을 탄생시키고, 갱신된다.

양은 구약성서에서 속죄와 화목을 위한 제물로 쓰여진다. 특히 구약성서에서 아브라함이 아들 이삭을 대신하여 드린 번제물이 숫양이다. 이런 숫양에 대하여 에딘저$^{Edward\ Edinger}$는 "아브라함이 겪은 하나님의 시험은 발달 단계에 있는 신성의 두 가지 국면 즉

---

112) 나는 숫양에 대하여 춘분을 몇 시간 앞두고 작성하고 있다.

인간의 희생을 요구하는 원시적인 신인 엘로힘^{Elohim}과 좀 더 분화된 신인 야훼 사이를 중재하는 무시무시한 위치에 서야하는 것이었다. 숫양은 원시수준의 신성으로, 전설에 따르면 모리아 산 속의 가시덤불로 옮겨지기 전에 낙원에서 풀을 뜯고 있었다. 숫양은 무의식으로부터 추출되어 희생되어야 하는 갱생되지 않은 원형적 에너지를 의미한다."[113]고 말한다.

또한 고대이집트에서는 가장 초기의 이집트 신 중에 하나인 크눔^{Khnum}은 숫양의 머리를 가지고 있으며, 나일강의 근원, 생명의 신이다. 또한 이집트에서 숫양의 머리를 한 신은 아몬^{Amon} 또는 아문^{Amun}으로서 태양신 라^{Ra}또는 레^{Re}와 동일시되어진다. 아문은 '숨겨진 자'라는 뜻으로 바람과 공기, 풍요의 신으로 태양신 레와 합쳐진 후에는 태양을 상징하는 신으로 알려져 있다. 이런 아몬은 정신적이고, 부성적인 특성을 드러내는 남성원리의 신임을 알 수 있다. 12궁도의 춘분점에 자리하는 양자리는 태양의 따뜻함이 다시 시작되는 개신과 생명력과 연결되어진다. 그리스 신화에서 아타마스^{Athamas} 왕의 아들, 프릭소스^{Phrixus}와 딸인 네펠레^{Nephele}는 새어머니 이노^{Ino}의 위협으로부터 헤르메스가 준비해준 황금 털을 가진 숫양을 타고 도망간다. 나중에 이 양은 제우스에게 봉헌되고, 제우스는 그 양을 하늘의 별자리고 만든다. 또한 그리스 신화에서 신들의 연회가 열리고 있을 때 괴물 티폰^{Typhon}이 나타난다. 놀란 신들은 동물로 모습을 바꾸는데, 제우스는 양이 되어 도망쳤다. 그

---

[113] Edinger Edward F, 김진숙, 김소영 번역(2016) : 《의식의 창조-이 시대의 융의 신화》, 돈화문 출판사, 서울, pp107-108.

리스인과 로마인들은 숫양의 머리를 지닌 제우스(주피터)의 형상에서 가장 최고의 신의 현시로서 이집트 아문 신을 경배했다. 점성술의 관점으로 보면 대략 기원전 2000년, 바빌로니아의 왕, 함무라비^{Hammurabi}는 자신을 위대한 법의 수여자로서 공포했고, 자신을 숫양^{Ram}으로 선언했다. 그것은 태양이 물고기자리^{Aries}로 다가왔던 시기이다. 한 황도의 시간이 지나서, 양자리^{Ram}는 물고기자리^{Fishes}로 변화되었다. 예수 그리스도는 양으로 죽고 물고기로 태어난다.114) 이런 양자리는 화성이 거주하는 곳으로 불과 열정, 충동과 연결되어진다.

인도의 베다 신화에서 아그니는 하늘에서 태양, 대기에서 번개, 땅에서는 불과 동일시되는 불의 신이다. 불로서 신격화된 아그니는 신들의 입이자 제물을 전달하는 자이며 인간 세계와 신의 세계의 중재자 역할을 한다. 사마베다의 아따라 아르치카에서 아그니는 황금의 의식으로 드러난다. "아그니는 마음을 일깨우고 근원으로 돌아가는 황금의 의식을 통하여 풍요와 활력을 주도다."115) 또한 야주르베다 13장 1절에서 "내면의 첫 번째 아그니에게로 나를 이끔으로써 부가 쌓이고, 선이 일어나며, 남성적인 강함이 증가되나니, 신성은 나를 기다리도다"116)고 노래한다. 아그니가 타고 있는 동물이 바로 숫양이다. 아그니를 태운 숫양은 아그니의 속성을 지닌다. 또한 사마베다문헌의 사드빔샤 브라흐마나^{Sadvimsha}

---

114) Jung CG(1984) : 앞의 책, pp422-423. 김덕규(2017) : "요한계시록의 심리학적 해석(융심리학적 관점으로)" 묵시적 양의 장 참고, 비간행.
115) 박지명, 이서경 주해(2010) :《베다》, 동문선, 서울, p294.
116) 박지명, 이서경 주해(2010) : 앞의 책, p314.

Brahmana에서 최고의 신 인드라는 자신을 숫양으로 변화시킨다.117) 쿤달리니 요가에서 세 번째 자리인 마니푸라 차크라Manipura chakra는 감정의 중심인 복부에 자리하고, 태양과 불의 특성을 지닌다. 마니푸라를 상징하는 동물은 숫양이다. 이런 숫양은 아그니의 속성처럼 불과 태양을 대변하며, 남성적 원리에 해당한다.

숫양은 정신성, 남성성, 생식력을 가능케 하는 힘 그리고 열정과 충동으로 고려할 수 있다. 토비야가 이런 숫양을 먹는다는 것은 숫양이 가진 동물적 본성을 취함을 의미한다. 이런 숫양을 먹는 행위는 남성적 생식력과 정신적 활력과 열정을 동화함으로써 새로운 집단정신의 대표자로서 남성적 원리를 강화할 뿐만 아니라 아스모데우스와의 대결을 준비하는 것으로 고려할 수 있다.

토비야는 사라와의 합방을 위해 물고기의 간과 염통을 꺼내어 향의 잿불을 피운다. 그 냄새가 지독하여 아스모데우스는 이집트 끝지방까지 도망쳐 버린다. 여기에서 우리는 다음과 같은 도식을 그려볼 수 있다.

---

117) ".... 인드라는 그 자신을 숫양으로 변화시킨 후에 칸바kanva, 메드하티히의 이름을 들먹이며 하늘로 올라갔다." Feller Danielle(2004) : *The Sanskrit Epics's Representation of Vedic Myths*, Motilal Banarsidass publishers, Delhi, p136.

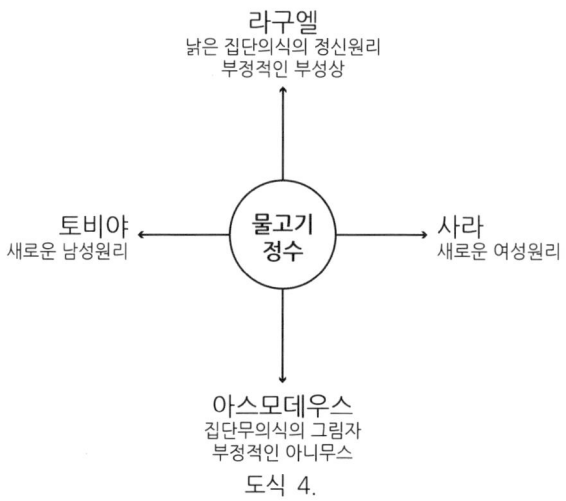

도식 4.

위의 도식을 통하여 사위에 추가하여 물고기가 다섯 번째 요소인 정수임을 알 수 있다. 물고기는 아스모데우스를 물리치는데 쓰인다. 간은 검붉은 색으로 감정과 연결된다. 간은 독성물질을 해소하고 질병을 막는 기능을 한다. 간은 소화작용, 해독작용, 살균작용을 감당한다. 한국의 민담, 별주부전에서 간은 치료제로서 아픈 용왕의 치료제로 토끼의 생간이 지목된다. "어떤 기본 기분은 행성의 배열에 의해 야기되는 것으로 여겼다. 이런 정신의 위계질서에서 심장은 군주이며, 이것에서 정신과 명료성이 나오며, 간은 전략과 기획에 관한 자리이다. 목성은 간에, 태양은 심장과 상상력에 영향을 준다."[118] 심장은 모든 동물의 중심으로 혈액을 순환시키는 기관이다. 생명, 마음, 그리고 감정의 자리이다. 인도에서 심장은 브

---

118) 폰 프란츠 마리-루이제, 한오수 옮김(2017) :《꿈과 죽음》, 한국융연구원, 서울, pp154-157.

라흐마^Brahma의 집으로 고려되었다. 심장의 자리인 아나하타 차크라 Anahata chakra는 "눈에 보이지 않는 정신적인 것들이다. 왜냐하면 감정과 마음이라고 불리는 것들의 영역이기 때문이다."119) "아나하타는 정신적인 것들이 시작하는 중심, 가치와 관념에 대한 인식이 시작되는 곳이다."120) 그래서 감정과 연결되지 않는 지식은 쉽게 날아가고, 가슴으로 배울 때에만 가슴속에 진정으로 앎을 얻게 된다. 우리가 잘 아는 백설공주의 이야기에서 여왕은 백설공주를 죽이고 그녀의 심장과 간을 먹으려 한다. 부정적이고 파괴적인 모성상이 가진 영원한 배고픔이다. 이런 왕비의 행위는 낡은 집단의 삶의 원리 또는 부정적 감정의 원리가 새롭고, 순수한 감정의 측면을 동화하려는 무의식적 시도로 볼 수 있다.

---

119) Jung CG, ed, Shamdasani Sonu(1999) : *The Psychology of Kundalini Yoga*, Princeton University press, Princeton, p44.
120) Jung CG, ed, Shamdasani Sonu(1999) : 앞의 책, p45.

3. 불의 작업 : 연소

　　토비야가 간과 심장을 불에 태워 연기를 피우는 것은 연소의 과정이다. 연소는 불의 작업으로 가연물, 연소에너지, 그리고 산소를 필요로 한다. 불의 작업은 다른 물질로 연소되는 경우도 있고, 철 등의 금속은 연소되지는 않는다. 이 과정에서 물질 속에 수소와 만나면 물이 생성되기도 하고, 탄소와 만나면 이산화탄소가 생기기도 한다. 연소는 결과적으로 고온의 불을 통하여 물과 휘발성 요소들이 제거되고, 물질이 변환되는 과정이다. 이런 연소 작업은 물질에게는 죽음이요 고통과 희생이며, 정화, 분리, 변환에 기여한다. 불은 플라톤의 《티마이오스Timaeus》에서 신이 우주를 창조할 때 사용한 원소중의 하나이다. 성서에서 불은 신과 연결된다. 낙원을 지키는 불 검, 호렙산에서 모세에게 나타난 불꽃 나무, 시내산에서는 불꽃 가운데 임하는 하느님의 현현의 모습은 불이 가진 신성함과 분리의 특성을 드러낸다. 예언자들은 불을 하느님의 심판으로 선언한다. "…너의 찌꺼기는 용광로에 녹여내고 납은 모두 걷어내어 너를 순결하게 하리라."[121] 이것은 불에 의해 불순물이 제거되고, 불필요한 성분이 정화되는 것으로 불을 묘사한다. 계시록의 요한의 환상에서도 불은 심판의 기능으로 등장한다. 예수는 "나는 세상에 불을 지르러 왔다."[122]고 선언한다. 여기에서 불

---

121) 이사야 1:25
122) 누가복음 12:49(공동번역)

은 분리와 분별을 위한 것이다. 파라켈수스도 연금술의 불의 효과를 신의 심판의 불과 유사하게 언급한다.

> 불이라는 원소는 모든 불순물을 파괴하고 제거한다.
> 불의 시련이 없다면 물질을 검증해 볼 수 없다.
> 불은 덧없이 날아가 버리는 것으로부터 변하지 않는 것을 분리한다.[123]

정신 에너지로서 불은 "특수하고 역동적인 정신의 현상 안에서 본능, 소망, 의지, 정동, 집중력, 작업능력 등과 같은 것으로 나타난다."[124] 이런 불의 작업은 심리학적으로 정신 안에 있는 불순물인 욕망과 분노, 정서적 충동성이 분리되고, 정화되고, 승화되는 것으로 이해할 수 있다. 연소 작업 중에서 물을 대변하는 무의식적 요소, 그 정서성이 구체화되고, 계속되는 작업을 통하여 그 정서성은 건조되고 증발되어진다. 그리고 물질은 불에 의한 가열로 새로운 물질로 변환이 이루어진다. 연소는 혼재되어 있던 무의식적 요소를 구체화하여 분리하고, 객관화된 무의식적 요소를 승화시킴으로써 다른 물질로 변환시키는 과정이다. 때로 불과 관련한 꿈은 연소작업을 통하여 무의식적 불순물인 강력한 정서와 정동을 분리, 정화하는 것임을 엿볼 수 있다. 47세 한 여성은 자신의 직장에서 불공정한 처우에 대하여 이의를 제기했고, 그 일로 직장의 상사들

---

123) Paracelsus, *The Hermetic and Alchemical Writings of Paracelsus* 1:4, 에딘저 에드워드 F, 김진숙 번역(2015) : 《연금술의 상징과 심리치료-마음의 해부학》, 돈화문, 서울, p39. 재인용.
124) Jung CG(1969) : 앞의 책, C.W.8, par26.

과 불편한 관계에 놓이게 된 후 다음과 같은 꿈을 꾼다.

> 여성 합창단 지휘자가 나에게 자신이 지휘하러 가는 곳으로 따라 오라고 한다. 뒤를 따라가는데 쇼핑 매장을 지나간다. 그녀는 진열되어 있는 옷을 보고 가다 말고 옷을 구경하며 입어 보기도 한다. 그녀가 옷을 구경하다가 갑자기 감정이 격해지며 흥분하더니 옷가지들을 마구 던져 댔다. 그것을 시작으로 쇼핑몰 안에 있던 다른 사람들도 옷들을 마구 던져대며 놀기 시작한다. 한쪽에 여자 십대 아이들이 모여 있었는데 그들은 불량해 보이고 위험해 보인다. 그들은 화염병인지 무언가 폭발물을 마구 던지기 시작한다. 건물은 순식간에 불이 붙고, 사람들이 일제히 입구 쪽으로 몰려 탈출을 하기 시작한다. 나도 탈출하려고 입구로 갔고, 다행히 건물 밖으로 나온다. 불에 타서 쓰러지는 잔해물이 위협적이어서 그것을 피해 골목을 빠져 나온다.

여성 합창단 지휘자는 꿈 꾼 이와 비슷한 또래의 스스로에게 엄격하고, 완벽함을 추구하고, 때로 불같이 화내는 성격을 가지고 있다. 이런 그림자상이 꿈의 자아를 주도한다. 그런데 가던 도중에 쇼핑 센터에서 옷을 보게 된다. 쇼핑몰은 집단적인 상거래가 이루어지는 장소이며, 옷 가게는 필요로 하는 어떤 역할, 인격과 태도를 구입하기 위해 에너지를 사용하는 곳이다. 이 그림자상은 집단적인 내용 즉 사회적, 집단적 역할과 태도에 관심을 표명함으로써 꿈의 자아에게 옷을 환기시킨다. 그런데 이 흥분한 여성상은 옷을 마구 던진다. 이 여성 안에 있는 감정의 미숙함, 유치함을 드러내는 측면일 것이다. 10대의 청소녀들은 이 여성에서 억압된 측면이자 틀을 깨고 싶은 측면, 또는 목표없이 에너지를 낭비했던 인격적 태도와 연결된다. 사회적응에 실패한 듯 보이는 내면의 어린 여성상들은 화염병을 던져서 그 건물을 모두 불태워버린다. 미성숙하고, 억압된 정서와 분노는 집단적인 정신의 구조물을 불태워버린다. 이 꿈은 어떤 유치함이나 정서와 충동에 사로잡힌 분노는 사회적, 집단적 역할과 일을 위태롭게 할 수 있음을 경고한다. 꿈의 연소과정은 자신의 무의식적 인격, 콤플렉스가 어떤 형태인지를 인식하게 하고, 무의식적인 불순물을 분별하고, 분리하도록 일깨우고 있다.

또 다른 예로 40대 초반의 남성의 꿈을 소개하고자 한다. 그는 가족, 학업 그리고 직업을 병행하며 갈등하고 고심을 하고 있을 때 다음과 같은 꿈을 꾸었다.

나는 어려서 살던 마을의 동산에 위에 있다. 나는 어떤 군사 훈련과 관련된 일을 하고 있는 것 같다. 그런데 멀리 아래를 보니 산에서 갑자기 불꽃이 튀며, 불길이 일어나 마을로 번져간다. 어릴 적 살던 나의 집이 바로 산 앞에 있는데 불에 탄 것 같다. 나는 마을 사람들에게 불이 난 것을 알리기 위해 뛰어 내려간다.

꿈은 꿈의 자아를 어떤 군사 훈련을 하는 사람으로 설정하고 있다. 꿈꾼 이가 어떤 과제와 임무, 목표를 수행해야만 하고, 훈련해야 하는 상황을 드러내고 있다. 그런데 어릴 적 살던 마을, 특히 그의 옛 집이 갑자기 일어난 불로 인하여 소실된다. 꿈은 "너의 옛 집은 파괴되었고, 더 이상 거기에 살 수도 머물 수도 없다."고 말하는 듯하다. 불의 작업은 뿌리로의 퇴행을 저지하며 옛 삶의 인격으로 뒷걸음치려는 의식의 태도를 분별하게 한다. 연소를 통하여 꿈 꾼 이를 새롭게 각성시키고, 변화하도록 촉구하고 있다.

인간은 인간 감정의 비참함의 불구덩이에서 하느님의 목적에 부합되게 단련된다.[125] 바울은 심판의 때에 불에 의해 그 사람의 업적과 행함이 검증됨을 일러준다.[126] 이런 불은 연단을 통하여 정금을 만들어내듯이 불과 대면함으로써 자아의 무의식적인 욕망과 욕구, 정서와 정동이 좌절되고, 새로운 의식의 탄생 또는 새로운 존재로의 변환이 성취되는 것으로 이해할 수 있다. 도마복음에서 예수는 "나에게 가까이 있는 자는 불과 가까이 있는 자이고, 나에게 멀리 있는 자는 천국에서도 멀리 있는 자이다"[127]라고 말한다. 여기에서 예수 자신은 불이다. 사도행전에서 제자들 위에 내린 불은 성령이다. 이런 불의 특성은 신성한 원형적 에너지로 고려할 수 있다. 앞서 살펴본 불의 신 아그니가 한쪽은 자애로운 얼

---

125) 실로 황금은 불 속에서 단련되고 사람은 굴욕의 화덕에서 단련되어 하느님을 기쁘게 한다.(공동번역 집회서 2:5)
126) 그에 따라 각 사람의 업적이 드러날 것입니다. 그 날이 그것을 환히 보여 줄 것입니다. 그것은 불에 드러날 것이기 때문입니다. 불이 각 사람의 업적이 어떤 것인가를 검증하여 줄 것입니다. (새번역 고린도전서 3:13)
127) 도마복음 82장

굴이고, 반대쪽은 악의 찬 형상인 것은 불이 가진 이중적 속성을 잘 대변한다. "떠오르는 새벽빛$^{Aurora\ consurgens}$은 불의 세례로 이전에 죽었던 인간이 살아 있는 영혼이 되는 것이다."128) 코마리오스 ^{Komarios} 본문에는 불로 인하여 죽었던 요소가 신성함으로 변형되는 것에 대하여 다음과 같이 묘사되어 있다.

> 너희가 식물과 요소 그리고 광물(돌)을 적절한 장소에 보관한다면, 그것들은 정말로 매우 아름다운 것처럼 보인다. 하지만 불이 그것들을 시험할 때, 그것들은 아름답지는 않다. (나중에) 그것들이 불의 영광과 빛나는 색깔을 덧입었다면, 그러면 너희는 그것들의 이전의 영광과 비교할 때, 즉 바라던 아름다움과 그것의 유동적인 본성이 신성함으로 변환되어졌다는 것을 고려한다면 그것들의 영광이 얼마나 증가했는지를 보게 될 것이다.129)

이런 원형적 에너지를 통하여 가열이 일어날 때 그 불은 자아를 파괴하지만 그것을 견디는 자는 새로운 존재로 변환된다. 이런 신성한 불꽃을 경험할 때 의식은 무의식의 의해 압도되기도 하고, 자기의 목적에 이바지할 수 있도록 정신의 변환이 일어난다.

연소 작업의 과정에서 물질은 기체로 변화한다. 이런 증발과

---

128) Jung CG(한국융연구원 C.G. 융 저작번역위원회 옮김)(2004b) : 앞의 책, p300.
129) Berthelo M(1967) : Collection des anciens alchemistes grecs, 2vol, Osnabrück, Otto Zeller, pp293ff, pars10ff. Von Franz Marie-Louise(1987) : *On Dream and Death*, Shambhala Publications, Boston & London, p41. 재인용.

연기가 생성되는 것은 물질이 대기성, 정신적인 것으로 변화하는 과정으로 승화, 상승, 고양화와 연결되어진다. 이것은 물질에 속박되고 숨겨진 영을 해방시키는 연금술의 작업, "아니마 추출^{extractio} $_{animae}$"의 과정이기도 하다. 이런 상승은 위로 향하는 움직임으로서 더 높은 형태로 변환되는 것을 의미한다. 이는 고양됨으로써 속박된 현실성, 즉 강박적으로 사로잡히고, 얽혀 있는 문제와 거리를 두게 되고, 갇혀있는 대지성, 물질성으로부터 해방되는 과정이다.

우리의 이야기에서 물고기의 심장과 간을 태우는 것은 원시적이고, 무의식적인 감정에 대한 연소로서 미분화된 무의식적 감정을 분화된 에로스로 변환시키는 과정으로 이해할 수 있다. 연소작업을 통하여 무의식적인 내용물을 건조시키고, 정화시켜 냄새가 나도록 만드는 것은 속박되어 있는 무의식적 감정 원리를 해방하고, 에로스가 제 기능을 되찾도록 하는 과정이다. 타는 가운데 발생한 연기와 냄새는 한편으로 사라에게 어떤 면역성과 정화의 효력을 지니게 하고, 미분화된 에로스 원리를 치유하고 강화시키고, 다른 한편으로 악마를 추방하는 효과를 가져온다. 이런 추방은 더 이상 파괴적인 아니무스 원형이 사라에게 영향력을 행사하지 못하게 되었음을 의미한다. 이런 치유의 과정은 비로소 여성이 에로스를 개별의식에서 동화함으로써 옛 전통이나 종교적 지식, 부성상에서 얻은 앎이 아닌 여성적 고유한 본성으로 인식할 수 있게 됨을 의미한다. 또한 파괴적인 아니무스 원형상이 사라에게서 분리되고 추방됨으로써 파괴적 로고스, 아니무스의 절대적 신념과 확실함으로부터 벗어나 좋음과 나쁨을 함께 보는 분화된 감정, 선과 악의 대극을 수용하는 여성적 원리로 쇄신되었음을 제시한다. 새로운 남성원리인 토비야를 통하여 여성적 원리가 치유됨으로써 남성원리와의 통합이 준비된다.

이미 언급한대로 오늘날 여성들은 개별의식에서 동화된 앎이 아니라 집단이 규정한 인습과 전통, 집단의식이 규정한 학습내용을 답습함으로써 여성적 본성인 에로스가 치명적인 손상을 당하고 있다. 부정적이고 파괴적인 아니무스의 의견과 신념을 절대적 진리로 신봉하고 추종하며 그것에 매달리는 여성들, 남성화된 여성을 도처에서 발견할 수 있다. 이런 여성들은 미분화된 에로스의 본성으로 스스로 고통을 겪고 있고, 공격적이고 저돌적이며 절대적 신념과 확신으로 관계의 손상을 초래하고 있다. 또한 남성들은 고통받는 여성원리인 감정의 미분화로 인하여 내부세계와 외부세계에서 정서적 충동에 시달리고 있고, 예민함과 유치함으로 관계 상실은 물론 집단 대 집단의 갈등을 촉발시키고 있다. 분화된 감정, 건강한 여성적 원리가 작용할 때 고통받는 세계는 구원받는다. 고통받는 여성 원리가 치유되는 우리의 이야기는 오늘을 살아가는 이 시대에 우리를 행복의 길로 안내하고, 구원의 길로 인도하는 것이 무엇인지를 일깨운다. 바로 여성적 원리인 분화된 에로스이자 감정의 해방이 모든 시대를 관통하는 과제일 것이다.

집단무의식의 콤플렉스이자 원형적 그림자상인 아스모데우스는 분화된 에로스, 갱신된 감정적 요소로 변환된 그곳에 더 이상 발 디딜 수 없었고, 그 냄새의 역겨움으로 이집트 끝 지방까지 도망하게 된다. 이집트 끝 지방은 이집트 남쪽 끝으로 사막지방이다.130) 이곳은 세상 끝이며 악마의 땅, 악령들의 발원지이다. 사막은 온갖 위험이 도사리는 곳이요, 고립과 고독을 경험하는 자리이다. 출애굽 공동체는 사막 한복판에서 하나님의 사람들로, 제사장 나라로 거듭나기 위해 시험을 받았다. 사막은 변환이 일어나는 장소이다. 사막은 대극의 일치가 형성되는 곳으로 메시야의 충만한 상태가 이루어지는 장소131)이다. "세대 밖에서의 창조의 장소(대극의 연합이 일어난 곳)-추측컨대 자연을 거스르는 작업$^{opus\ contra\ naturam}$-는 낙원이 아니라 에레모스$^{\epsilon\rho\eta\mu o\varsigma}$, 즉 사막과 황무지이다. 자신의 무의식을 일부라도 의식화하는 자는 자신의 시대와 사회계층에서 벗어나 일종의 고독으로 진입한다. 하지만 거기에서만 구원의 신을 만나는 것이 가능하다. 빛은 어둠 속에서 나타나고, 구원은 위험에서 비롯된다."132) 이런 사막은 모세도, 예수도, 바울도, 사막의 교부들이 시험을 당하고, 신을 만나고 새로운 의식의 변환이 일어난 장소이다.

또한 이집트의 끝은 나일강의 원천인 나세르 호수$^{Lake\ Nasser}$로도 이해할 수 있다. 이집트의 끝은 서쪽에 사막이 있지만 동쪽에는 물의 근원이 있기 때문이다. 이런 나일강의 원천으로의 도망

---

130) 한국천주교주교회의(2013) : 앞의 책, p70. f.n.
131) 광야와 메마른 땅이 기뻐하며, 사막이 백합화처럼 피어 즐거워할 것이다(이사야 35:1), 그 때에 눈먼 사람의 눈이 밝아지고, 귀먹은 사람의 귀가 열릴 것이다. 그 때에 다리를 절던 사람이 사슴처럼 뛰고, 말을 못하던 혀가 노래를 부를 것이다. 광야에서 물이 솟겠고, 사막에 시냇물이 흐를 것이다.(이사야 35:5-6), 그 때에는, 이리가 어린 양과 함께 살며, 표범이 새끼 염소와 함께 누우며, 송아지와 새끼 사자와 살진 짐승이 함께 풀을 뜯고, 어린 아이가 그것들을 이끌고 다닌다. 암소와 곰이 서로 벗이 되며, 그것들의 새끼가 함께 눕고, 사자가 소처럼 풀을 먹는다(이사야 11:6-7)
132) Jung CG(1989) : 앞의 책, C.W.14, par258.

감은 무의식의 심연으로 추방되는 것을 의미한다. 라파엘이 그 악마를 쫓아가 손발을 결박한다. 이런 형국은 요한계시록에서 천사가 무저갱^{Abyss}의 열쇠와 사슬을 들고 사탄을 결박하여 무저갱으로 던지고 천 년 동안 가두어 놓고 민족들을 미혹하지 못하게 하는 것과 흡사하다.133) '무저갱'이란 '밑바닥이 없는 깊은 곳'이란 의미를 지니며, 무의식의 심연을 가리킨다. 무의식의 심연으로 파괴적인 집단무의식의 콤플렉스가 쫓겨남으로써 분리가 일어나고, 이런 무의식의 파괴적인 힘이 더 이상 작용하지 않음으로써 의식은 그 지배적인 힘으로부터 자유로워졌음을 의미한다. 라파엘은 아스모데우스를 완전하게 제거하지 않는다. 아니 파괴할 수 없다. 이것은 한시적이라는 의미이다. 언제든 집단무의식의 그림자는 의식의 균열을 틈타 의식세계를 강박적 충동과 강력한 정서와 정동으로 사로잡을 수 있음을 주지해야 한다.

그러나 우리가 다시 재고해야하는 것은 이집트의 끝은 변환의 장소인 사막이자 생명의 원천인 나일강의 근원이다. 집단무의식의 세계는 생명과 변환의 장소이다. 아스모데우스는 '멸망시키다'란 뜻을 지니고, 라파엘은 '치료하다, 구원하다'를 의미한다. 이것은 아스모데우스와 라파엘이 대극의 의미와 속성을 지녔음을 보여준다. 아스모데우스는 신의 어두운 면, 신의 그림자이고, 라파엘은 신의 밝고 선한 측면이다. 선과 악으로 표명되는 라파엘과 아스모데우스는 분열된 신의 반쪽들이다. 악마의 출현은 개인과 집단에게는 헤아릴 수 없는 고통이다. 그러나 잔인하게도 악

---

133) 요한계시록 20장 1-3절을 참고하라.

마는 개인과 집단을 의식화로 이끌고 갱신으로 나아가게 한다. 아스모데우스가 사라에게 나타나고, 토비야와 만나야만 하는 이유가 여기에 있다.

4. 토비야와 사라의 결합(8:4-21)

마귀가 도망친 후 부모가 방에서 나가고 문을 닫는다. 그리고 토비야는 라파엘의 지시대로 잠자리를 같이 하기 전에 침상에서 일어나 사라와 함께 기도를 한다. 집단무의식의 그림자가 떠나자 집단정신의 지배자인 아버지도 방을 나가고 문이 닫힌다. 토비야와 사라는 그들과 분리되고, 독립적으로 결합의 준비가 갖추어진다. 침상에서 일어난 것은 그들이 무의식적으로 잠자리의 과정을 처리하지 않고, 결합의 과정을 의식화하고 있음을 표명한다. 토비야는 어떤 욕정에 이끌리어 사라와 결합을 하지 않고, 먼저 주님께 기도한다. 지금 시점에서 기도가 중요한 것은 악마를 물리쳤고, 모든 것이 순조롭게 되었기 때문이다. 흔히 교회에서는 '은혜가 있는 곳에 마귀가 있다'는 말이 통용되고 있다. 우리의 민간에도 '좋은 일에는 마가 낀다'는 말이 있다. 나는 나의 분석가가 들려준 폰 프란츠에 관한 재미있는 일화를 통하여 삶의 법칙을 이해하는데 도움이 되었던 적이 있었다. 폰 프란츠와 바바라 하나는 퀴스나하트에서 함께 살았다. 이 여성들은 함께 살면서 오래된 삶의 법칙 하나를 가지고 있었다. 누군가 어떤 일이 잘되거나, 어떤 일이 성공적으로 마치게 되면 그 사람은 집안에서 궂은 일을 도맡아서 했다. 그 이유는 일이 성공적으로 마쳐지거나 행운을 만나면 그곳에 마귀가 냄새를 맡고 찾아오기 때문이다. 그런 성공이 팽창을 일으켜 더욱 불행하게 삶을 곤두박질치게 할 수 있기 때문이다. 삶의 모든 공적을 자아의 것으로 취급하지 않음으로써 팽창을 저지했다고 볼 수 있다. 토비야와 사라는 먼저 주님께 기도함으로써 마귀를 물리친 것을 자신의 성공으로 취급하지 않고 팽창되지 않는다. 또한 계속적으로 하느님의 자비와 구원을 간구함으로써 옛 마귀가 다시 출현하는 것을 막고 있다.

더 나아가서 그들의 기도의 내용에서 알 수 있듯이 합방하는 것은 욕정이 아니라 진실한 마음, 다른 번역에는 하느님의 뜻이며, 결혼의 삶은 하느님의 자비가 개입되어야 하는 사건임을 고백한다.[134] 이런 결합의 과정은 육체적 결합을 넘어서서 정신적 결합을 묘사한다고 볼 수 있다. "결혼 적령기의 젊은이는 자아의식은 가지고 있지만 원초적 무의식성의 안개 속에서 나온 지 얼마 되지 않는다. 주관적으로 매우 의식적인 것처럼 보이지만 그때 의식하는 내용들은 언제나 과대평가이기 때문이다. 꼭대기에 왔다고 느끼지만 실제로는 매우 긴 계단의 제일 아래 층계에 지나지 않는다."[135] 그래서 결혼은 무의식적 동기들로 채워져 있다고 볼 수 있다. 결혼 후에도 "생물학적 본능 목표, 즉 종족 보존을 위해 어머니와 아버지가 되는 내용은 본질적으로 집단적이며 따라서 심리학적 의미에서 개별적 관계라 볼 수 없다."[136] 순전히 본능적 주체성과 개성화된 주체성 간의 차이는 상당한 거리가 있음을 주지

---

134) 이제 저는 욕정이 아니라 진실한 마음으로 저의 이 친족 누이를 아내로 맞아들입니다. 저와 이 여자가 자비를 얻어 함께 해로하도록 허락해주십시오(8:7).
135) Jung CG(한국융연구원 C.G. 융 저작번역위원회 옮김)(2004b) : 앞의 책, p60.
136) Jung CG(한국융연구원 C.G. 융 저작번역위원회 옮김)(2004b) : 앞의 책, p62.

해야 한다. 오늘날 우리 세계가 경험하는 결혼의 파국은 바로 이런 무의식적 결혼의 관계성으로부터 나온다고 하겠다. 우리의 이야기에서 이 두 사람의 결합은 생리적인 충동이나 부모의 세계로부터 무의식적으로 강요되고 투사된 동기가 아니라 고귀한 목적, 즉 어떤 합목적성을 의식화한 것임을 드러낸다. 결혼의 삶도 신의 자비, 무의식이 삶 속에 개입됨으로써 그들의 관계가 오랫동안 유지될 수 있음을 인식하고 있다. 새롭게 갱신되고 변환된 이 두 사람은 이 결합의 과정을 정신적인 관계로 승화시켰고, 결혼의 여정은 전적으로 신과의 협업임을 의식화하고 있음을 짐작할 수 있다. 개성화과정은 이런 정신적 내용을 자아와 연결함으로써 의식화하는 과정이다. "무의식의 내용을 의식하게 된다는 것은 의식하는 정신 안에서 그것이 통합되는 것이며, 따라서 해와 달의 합일(*coniunctio Solis et Lunae*)이다.[137] 이런 과정은 대극의 결합이므로 어떤 갈등과 모순을 초래할 수 밖에 없다. 그렇기 때문에 조심스런 태도와 체계적인 성찰을 필요로 한다. 이런 의미에서 토비야와 사라는 개성화과정을 위한 하나의 아름다운 본보기를 보여주고 있다. 집단의식의 정신과 삶의 원리의 결합은 새로운 집단의식의 탄생, 새로운 시대적 변환을 예고한다.

---

[137] Jung CG(1977) : *The Symbolic life*, C.W.18, Princeton University Press, Princeton, par1703.

제7장 | 신의 빛을 보는 토비트

1. 토비트의 치유 : 신의 빛

2. 시대정신과 개신의 문제

3. 환시의 사건 : 숨어계신 신의 문제
   Deus absconditus

1. 토비트의 치유 : 신의 빛

　　첫 날 밤이 지나고 악마로부터 살아난 토비야를 확인한 라구엘은 기쁨으로 혼인 잔치를 연다. 토비야는 라파엘을 가바엘에게 보내어 아버지 토비트가 오래 전 맡겨놓은 돈을 찾아오게 한다. 우리는 여기에서 토비야의 중대한 변화를 발견할 수 있다. 지금까지 라파엘의 지시를 따라서 일을 수행했던 토비야가 라파엘에게 자신의 과제를 지시한다. 이는 토비야가 물고기와 숫양을 먹고, 연소작업으로 악마를 물리치면서 무의식적 내용을 동화할 수 있게 되었으며, 사라와의 결합을 통하여 비로소 새로운 의식이 태동되었기에 그는 자신의 입장과 원칙을 가지고 행동할 수 있었음을 시사한다. 토비트가 잊고 살았던 돈은 그동안 무의식 속에 잃어버리고, 잊혀진 채 속박되었던 정신에너지이다. 그리스에서 돈은 여신 모네타^{Moneta}로 알려져 있다. 돈이 감정 가치임을 대변하는 이유이다. 이런 돈을 찾는 여정은 낡은 집단의식의 정신원리가 삶 속에서 배제된 감정가치를 찾는 여정이며 정신에너지를 의식으로 통합하는 과정이기도 하다. 나중에서 가바엘에게서 찾은 돈 뿐 만 아니라 라구엘이 사라의 지참금으로 재산의 절반을 주게 되는데 남종과 여종, 소와 양, 나귀와 낙타, 옷과 돈과 그릇 등을 준다. 새로운 집단의식의 대표주자로서 토비야에게 필요로 하는 본능적 요소, 정신의 에너지를 취함으로 활력을 얻고 풍요로움을 지니게 된 것임을 의미하겠다.

이제 토비야는 아버지 집으로 돌아오게 되는데 집에 가까이 이르렀을 때 라파엘은 토비야에게 먼저 가서 집을 정돈하고 아버지의 눈을 고쳐드리자고 제안한다. 왜 토비야는 사라와 함께 아버지의 집으로 가지 않는 것일까? 토비야는 먼저 가서 낡은 정신 체계를 정비하고 낡은 집단의식의 정신의 원리를 새로운 의식으로 재생시켜야만 한다. 이것은 새로운 여성원리인 사라가 낡은 집단의 정신원리에게는 전적으로 무의식적이며 대극의 요소이기 때문일 것이다. 갑작스럽게 낯선 것이 다가올 때 의식은 방어적으로 무의식을 상대함으로 무의식적 요소를 거부하는 경우를 보게 된다. 때로 분석 시에 꿈에 낯선 무의식의 내용을 접하면서 자신의 무의식적 요소를 직면해야할 때 내담자들은 그 꿈을 부정하거나 그것을 거부하면서 분석을 회피한다. 낯선 것은 전적으로 두렵고 보기 싫은 것이기에 의식은 뒷걸음치게 된다. 무의식을 직면한다는 것은 실로 두렵고, 고통스런 과정이다. 약물을 캡슐에 담는 것은 그것을 먹기 좋게 포장함으로써 동화를 용이하게 하기 위한 방책이다. 정신치료의 과정에서 무의식의 충격으로부터 완충작용을 하는 작업은 무의식적 요소를 동화하여 의식화하는데 대단히 중요하다. 낡은 인습과 전통, 화석화된 종교적 원리는 철옹성과 같아서 새로운 감정과 생명의 원리를 결코 쉽게 수용할 수 없다. 오랜 시간동안 고수하던 정신의 원리에 새로운 것을 통합하는 일은 전적으로 의식과 무의식의 준비과정을 필요로 한다. 토비야는 먼저 기존의 정신체계를 정비하고, 낡은 정신원리가 새로운 통찰을 갖게 함으로써 전적으로 낯선 새로운 여성 원리를 수용할 수 있도록 한다.

집에 도착한 토비야는 토비트와 포옹하고 아버지의 눈에 입김을 불어넣은 다음 물고기의 쓸개를 눈에 발라드린 후 그의 눈에 흰 막을 벗겨낸다. 그때 토비트는 잃었던 시력을 되찾는다. 상처가 났을 때 입김을 부는 것은 호흡, 정신을 불어넣는 것으로 치료의 효과를 일으킨다. 눈은 태양을 닮은 특징으로 인하여 의식과 통찰을 상징한다. 토비트의 눈에 입김을 불어넣는 것은 그의 낡은 통찰과 의식에 새로운 정신적 활력, 생기를 주입하는 과정이다. 물고기의 쓸개는 해독하는 기능이 있다고 알려져 있다. 쓸개를 가지고 그의 눈에 바르자 눈의 흰 막이 벗겨진다. 여기에서 물고기가 새의 분비물을 치료하는 과정을 통하여 사위에서 정수로서 물고기를 다시 발견하게 된다.

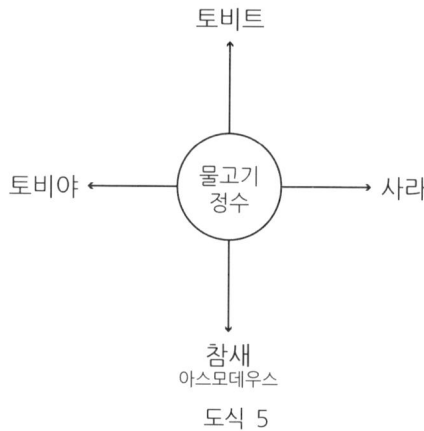

도식 5

물고기와 참새는 물과 대기, 정서와 정신의 대극적 특성이 있지만 이미 전술한 대로 참새는 아프로디테의 속한 것이고, 쌍어궁의 물고기 역시 아프로디테의 속한다. 물고기와 참새가 가진 상반되지만 동일한 속성을 지닌 역설적 요소임을 발견하게 된다. 돌이 돌을 갈고, 독이 독을 치료한다. 히포크라테스의 말처럼 같은 것이 같은 것을 치유한다. 참새의 똥과 물고기의 쓸개가 같은 속성일 수 있음을 시사한다. 토비트에게 가장 낯선 무의식적 요소는 미분화되고 원시적인 여성적 요소가 흩뿌리는 저급한 물질에 대한 탐욕과 성애적 본능과 욕망이었다. 아들은 자신을 집어삼키려는 여성적 요소를 체화하고 물고기의 쓸개로 미분화된 여성적 요소를 치료한다. 이것은 토비트에게 대극적 측면인 에로스와 감정을 복원하는 과정이다. 이로써 참새의 공격의 목적은 분명해진다. 에덴동산에서 뱀의 유혹, 공격 또는 결과는 눈이 밝아지는 것, 하느님처럼 선과 악을 아는 것이다. 공격으로 인한 고통은 새로운 의식을 획득을 위한 필수조건이다. 융은 의식성을 획득해가는 과정을 다음과 같이 말한다.

> 그것은 명백하게 선과 악 모두에게 최고의 가능성의 순간이다. 그러나 통상 하나가 일어나고, 그런 다음 다른 것이 일어난다. 즉 선한 자가 악에 굴복하고, 죄인이 선으로 회개한다. 그것은 무비판적인 시선으로는 일의 끝이다. 하지만 보다 섬세한 도덕적 감각 또는 보다 깊은 통찰을 지닌 사람은 이런 겉보기에 하나씩 차례로 일어나는 것이 실제로는 밀접한 관계를 가지고 발생하는 사건임을 부인할 수 없다...... 하나씩 차례로 일어나는 사건은 동시에 일어나는 사건에 대한 더 깊은

지식을 위한 견딜만한 서막이다. 왜냐하면 이것은 비교가 안 될 정도로 어려운 문제이기 때문이다.138)

토비트는 대단히 고통스런 과정을 통하여 새로운 의식을 획득한다. 토비트는 원래의 전체성의 상태로의 복원, '아포카타스타시스'^{αποκατα} ^{στασις}를 통하여 새로운 의식을 획득한다. 이 과정은 고대연금술의 테트라메리아^{tetrameria}에서 단일체의 사중 구조와 유비를 이룬다. 이것을 다음과 같이 도식화할 수 있겠다.

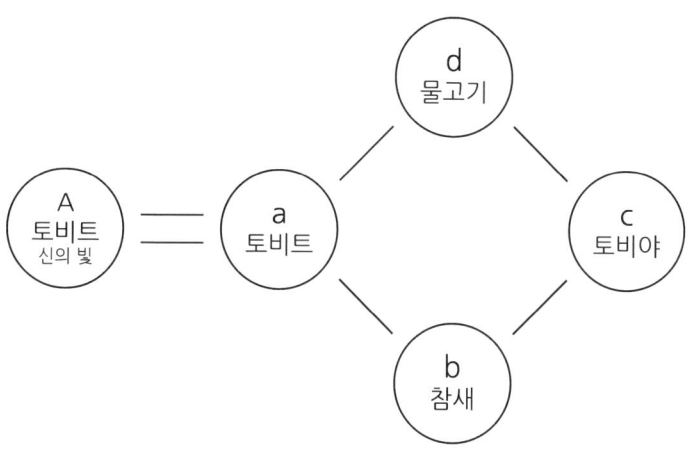

도식 6

---

138) Jung CG(1989) : 앞의 책, C.W.14, par206.

그림 3[139)]

[139)] Jung CG(한국융연구원 C.G.융 저작번역위원회 옮김)(2004c) : 앞의 책,

융은 이런 연금술적 과정을 A는 안트로포스, B는 그림자, C는 자연의 성장하는 원리^{Physis}인 뱀, D는 결정화된 라피스를 통해 원래의 상태로 복원하는 것으로 보고 있다.140) 이런 면에서 토비트가 복원되는 구조가 다소 다르지만 참새가 토비트에게 악마적인 것, 아스모데우스와 같은 동격인 한에서 가장 어두운 그림자일 것이다. 참새의 똥이 바로 그런 그림자의 측면일 수 있고, 아들 토비야는 자신 안에 성장하는 원리이자 자신을 변화시키고, 새로이 남성성을 강화시키는 요소, 그리고 마지막 물고기는 집어삼키기도 하지만 치료하는 물질로서 이중성을 가진 그 자체로 정수로 이해할 수 있다. "예수의 말씀처럼 하늘의 왕국에 이르는 길은 '하늘의 새들과 바다의 물고기들'이라고 했다. 새와 물고기의 협력은 전체성을 실현하는데 반드시 역설적인 것"141)의 결합으로 토비트의 변환을 위한 최종단계라고 볼 수 있다. 이런 맥락에서 이해할 때 토비트의 치료의 과정은 연금술의 변환과정과 일맥상통함을 발견할 수 있다. 무엇보다도 변화와 통합의 과정을 통하여 보다 높은 차원, 보다 높은 본성에 도달하게 되고, 그 질적 변화를 통하여 무의식성에서 의식성을 획득하게 된다.

라파엘을 통하여 밝힌 토비트의 치료의 목적이 신의 빛을 본다는 것은 결정적이다. 이런 신의 빛은 심리학적으로 자아의 의식이 아닌 자기의 의식, 신성한 의식과 통찰을 의미한다. 신의 빛을 보게 되는 것은 계시의 차원이 그에게 열렸음을 암시한다. 이것은

---

p188, 그림73.
140) Jung CG(1978) : 앞의 책, C.W. 9ⅱ, par410.
141) Jung CG(1978) : 앞의 책, pars223-224. 추가로 도마복음 3장을 참고하라.

활성화된 집단 무의식과의 소통이 이루어지고, 객체정신의 절대지가 열리게 된 것임을 시사한다. 나중에 토비트는 하느님의 예언을 아들에게 당부한다.142) 의식에 선행하는 무의식의 지식을 획득하기 위해서 그는 죽었다가 살아나야만 한다. 집단정신의 원리는 자체로 자기의 상에 상응한다. 이런 자기의 상이 병드는 것은 삶의 자연적인 흐름과 비합리적인 것과의 접촉을 잃고 화석화되고 기계적이 되기 때문이다. 왕이 점점 늙어 그 지배력을 상실하고 병들어 더 이상 기능할 수 없음으로 목욕을 하던지, 죽음의 의례를 통하여 다시 새로워져야 한다. 진정한 모든 것은 반드시 변화해야만 하고, 변화하는 것만이 진정한 것으로 남는다. 이로써 토비야의 과제가 아버지를 개신하는 것임이 명백해진다.

---

142) 토비트 14장을 참고하라

2. 시대정신과 개신의 문제

아버지 토비트와 아들 토비야는 중세 연금술사들이 찾던 현자의 돌인 '노인'^{senex}와 '소년'^{puer}과의 유비를 이룬다. 노인의 지혜와 젊은이의 창조적 정신의 대극의 짝의 문제이다. 새로운 창조적 정신인 토비야가 늙고 병든 아버지를 다시 살리려하는 이유이다. 여기에서 앞선 논의에서 간과한 시대정신의 문제를 재고하고자 한다. 토빗기는 표면상 포로기 시대를 배경으로 하고 있지만 저술의 시기는 기원전 200년경이다. 유대인에게 있어서 포로기는 가장 뚜렷한 신상의 변화를 요청하던 시기였다. 이스라엘 백성은 포로로 끌려감으로써 자신의 정체성에 대한 물음이 생겨났고, 지금까지 그들을 지탱해왔던 신상이 효력을 잃어버리고 새로이 신상을 정립해야만 했고, 이런 시기에 신상의 변화가 일어났다.143) 특히 기원전 200년경을 주목해보아야 하는 이유는 유대인에게 포로기 이후 가장 극심한 핍박과 고통의 시기였기 때문이다. 당시 안티오쿠스 4세 에피파네스$^{Antiochus\ IV\ Epiphanes(제위\ 기원전\ 175년-164년)}$는 유대인들의 예배, 할례, 성경의 휴대를 금지했다.144) 엄청난 핍박의 시기에 마카베오 전쟁이 벌어지고, 팔레스틴 지역은 로마가 주전 64년에 지배하기까지 전쟁의 소용돌이 속에서 수치와 아픔을 겪어야만 했다.

---

143) 융이 〈욥과의 회답〉에서 진술했듯이 에스겔이 경험한 그발강가의 환상과 이사야가 본 성전의 환상, 이후에 다니엘서와 에녹서에서 점진적으로 이런 신상이 변화하고 있음을 발견할 수 있다.
144) 당시 유대인의 처참한 상황은 구약성서(공동번역) '마카베오서'를 참고하라.

당시에 유대주의 분파인 바리새파, 사두개파, 에세네파 등이 생성되었고, 나름대로 율법과 인습을 더욱 강조하면서 종교적인 정체성을 지키기 위해 몸부림쳤다. 또 다른 편에서 유대사회는 이방세계 가운데 세속화되어 갔고, 종교적 전통으로부터 등을 돌리는 일이 생겨나게 되었다. 점차적으로 유대교의 신상은 그 영향력을 잃었고, 지배력을 상실하게 되었다. 기존의 신상을 신봉한다 할지라도 엄격한 제도와 형식 안에서만 존재하게 되었다.145) 포로기 이후 신상이 퇴색되어가고, 종교적인 정체성으로 잃어가는 시대 속에서 보상적으로 낡은 집단정신의 원리는 갱신을 필요로 하고, 새로운 창조적 정신의 원리가 아버지를 다시 새롭게 해야만 했다.

이런 개신의 문제는 오늘 한국사회는 물론 우리의 문명화된 세계에 가장 중요한 화두가 되고 있다. 종교적 교리와 전통에 의해 표현되던 진리가 희미하게 퇴색해가고, 뿌리와 단절됨으로써 우리는 영원한 상, 신상의 상실을 경험하고 있다. 이런 의식의 지배원리가 쇠퇴하면서 개인의 내면과 집단 안에서 혼돈, 무질서한 힘이 분출하고 있다. 개인의 정신 안에서는 정서적 우울과 강박적 충동이, 집단과 사회에서는 대중적 광기와 이념적 갈등이 나타나고, 유물론적 지배관념(물질이 곧 신)이 전체 인간을 포박하고 있다. 인간이 자신을 지탱하고 있는 것이 무엇인지 알지 못할 때 무의식은 폭력적으로 의식을 주도하게 되고, 영원한 상이 사라진 자리에 욕망과 충동의 환상, 유사 신들이 개인과 집단을 사로잡고

---

145) 이런 형식주의의 원인은 종교가 본능(무의식적 충동)에 대한 보상관계가 아닌 방어수단이 되면서 갈등관계로 퇴보하기 때문이다.

있다. 융은 영원한 상의 중요성을 다음과 같이 말한다.

> 영원한 상의 살아있는 현존만이 인간 정신에게 한 인간을 위해 그 자신의 영혼을 지키는 것이 도덕적으로 가능하게 하는 존엄을 부여할 수 있고, 영원한 상과 함께 견디는 것이 시간을 들일 만한 가치가 있음을 확신시킬 수 있다. 그럴 때만 인간은 충돌이 그 자신 안에 있고, 불화와 시련이 인간의 재산임을 깨달을 것이다... 146)

아들은 병든 아버지를 다시 회복시키고, 기능하도록 해야만 하고, 의식과 무의식의 세계를 다시 연결할 수 있도록 그를 쇄신시켜야만 한다. 그럴 때만이 영원한 이미지는 살아있는 것이 되어 인간에게 존엄을 제공하고, 인간의 영혼을 지킬 뿐 아니라 전체 사회를 안녕과 만족의 상태로 이끌어갈 수 있다. 이것은 우리 시대의 긴급한 과제이기도 하다.

그러나 왜 아들이 아버지를 대신하여 새로운 집단의식의 지배자로 교체되거나 전면으로 부각되지 않는가?147) 토빗기는 종교적 정신과 전통의 지배원리의 개신을 목적으로 삼는다. 신의 빛을 보는 자로서 재생된 토비트는 마치 연금술에서 등장하는 태양

---

146) Jung CG(1989) : 앞의 책, C.W.14, par511.
147) 나는 이 질문을 던지면서 이것은 그저 유대적 종교의 한계라는 식으로 치부하며 답을 내렸다. 나는 옛 전통과 낡은 지배원리에 대한 일종의 저항같은 것을 느꼈다. 그러나 계속되는 고민 속에서 융의 책 〈융합의 비의〉에서 "왕의 개신에 따른 종교적인 문제"에 관한 장을 다시 읽게 되면서 신의 빛으로 재생되어야만 하는 토비트의 중요성을 다시금 재고하게 되었다. 토비트의 개신의 중요성을 깨달은 바로 그날, 교회 화장실과 숲에서 시원하게 소변을 보는 꿈을 통하여 이를 확증할 수 있었다.

왕^{King Sol}의 의미에 상응한다. 융은 "태양 왕은 의식적일 뿐만 아니라 매우 특별한 방식으로 의식적인 의식을 의미한다. 그것은 최종적으로 가치들의 중재자인 어떤 지배적인 요소의 통제를 받고 안내를 받는다. 태양은 자연이 공통적으로 누리는 빛이지만 지배자인 왕은 인간적인 요소를 끌어들이며 인간을 태양에 더 가깝게 데려가거나 태양을 인간에게 더 가깝게 데려 온다"[148]고 설명한다. 신의 빛은 의식적인 의식, 의식의 지배원리가 신성한 태양, 집단무의식의 의식을 가까이 함으로 얻게 되는 재생된 의식이다. 집단의식의 지배원리는 절대로 자아의식의 좁은 범위에서 이루어진 합리적인 숙고의 산물이거나 순간의 발명이 아니라 역사적이고 심리적으로 훨씬 더 깊은 곳에 뿌리를 내리고 있는 전통에서 나온다. 예수는 율법을 폐하러 온 것이 아니라 율법을 완성하기 위해 왔다고 선언한다. 그는 법을 파괴하지 않고 오히려 율법을 더욱 공고히 하며 확신의 문제로 바꾸어 놓았다. 융은 종교적인 개신의 중요성을 다음과 같이 말한다.

> 최고의 정신적 전통에 깊이 뿌리를 내리지 않은 개신은 덧없는 것이지만 역사적 뿌리에서 자라난 지배자는 뚜렷한 자아를 가진 사람의 내면에서 살아있는 존재처럼 행동한다.[149]

---

148) Jung CG(1989) : 앞의 책, par519.
149) Jung CG(1989) : 앞의 책, par521.

종교적 정신의 지배원리이자 집단의식의 지배자인 토비트는 의식적인 의식으로 개신된다. 종교적인 개신은 집단의식의 지배자를 교체하는 대신에 그 지배원리를 의식적인 의식으로 재생하고 있다. 의식은 때로 가장 중요하게 취급하던 사상을 어느 날 갑자기 전복하는 일이 있다. 그러나 무의식은 예상치 못한 방식으로 스스로를 표현할 가능성이 있다할지라도 무의식은 그 자체로 보수적인 특징을 가지고 있다. 이런 무의식의 경향으로 아버지는 완전히 변환된 형태로 집단정신의 지배원리로 다시 복원되어야 한다.

다른 한편으로 토빗기는 새로운 시대의 여명을 위한 하나의 예비단계임을 짐작할 수 있다. 아들이 아버지를 대신하여 새로운 시대의 지배원리가 되지는 않는다. 그러나 아들은 결합을 통하여 새로운 의식의 탄생을 예고한다. 라구엘, 가바엘은 고태적이고 원시적인 옛 신상의 이름, 엘^{El}, 즉 엘로힘^{Elohim}과 연결된다. 토비야의 이름은 '야훼는 선하시다'는 뜻으로 야훼와 관계가 있다. 이런 면에서 토비트는 아버지, 이전의 신상이며, 그 신상이 늙고 병들었음을 시사한다. 토비야의 아내인 사라는 '공주' 또는 '열국의 어미'[150)]를 의미한다. 토비야는 남성적인 신상이며, 사라는 지상의 처녀, 공주이다. 이름에서 숨겨진 진실은 남성적인 신상과 지상적인 여성의 결합이다. 토비야와 사라의 결합은 야훼와 순수한 여성과의 결혼이며, 이로써 새로운 신적 아이의 탄생, 신상의 출현을 예고하는 사건으로도 고려할 수 있다.

---

150) 아브라함의 아내인 사래는 사라로 이름이 바뀌어지는데 사라는 여러 민족의 어머니라는 뜻이다. 창세기 17장 16절을 참고하라.

3. 환시의 사건 : 숨어계신 신*Deus absconditus*의 문제

　　토비야는 잊고 있었던 아버지의 돈을 찾아왔고, 사라를 아내로 얻었고, 아버지의 눈이 회복됨으로 성공적으로 모든 일을 완수한다. 토비야를 위하여 혼인잔치가 열리고, 토비트는 길안내자의 역할을 했던 라파엘에게 보수를 주려한다. 그런데 놀랍게도 라파엘은 자신은 하나님이 보낸 천사이고, 그간의 모든 일이 하느님의 뜻이었음을 밝힌다. 이런 모든 일이 섭리, 신성한 패턴에서 일어난 것임을 드러낸다. 그들은 두려움에 엎드린다. 우리를 더욱 당황스럽게 하는 것은 "당신들은 내가 먹는 것을 보았다고 생각하였지만 그것은 현상에 지나지 않았다."(12:19)는 구절이다. 즉 그들은 환시를 보았던 것이다. 여전히 인간 곁에 머물면서 함께 활동했지만 사실 천사의 활동은 환시였다. 현실과 환시의 경계가 모호하다. 이미 전술한대로 천사의 현현을 원형상의 출현으로 사이코이드(정신과 비슷한) 사건임을 밝혔다. 이런 원형상이 경험되어질 때 토비트와 토비야는 두려움에 엎드리면서 압도적인 힘, 신성함을 느끼게 된다. 천사의 현시 사건은 신성하고 자율적인 정신의 상이 의식의 경계를 넘어서 물질의 개념처럼 등장한 것이다. 이런 내용을 증명하거나 경험적으로 설명하는 것은 본 소고에서는 불가능하다. 나에겐 아직 이런 초월적 실체를 설명할 어떤 경험이 부재하기 때문이다. "초월적인 실재의 존재는 정말로 그 자체로 명백하지만, 우리의 의식이 우리가 지각했던 실제의 생생한 묘사를 주는 지적인 모델을 구축하는 것은 특별히 어렵다... 우리의 안과 밖의 세계가 어떤 초월적인 배경을 근거로 한다는 것은 우리 자신이 존재하는 것만큼이나 확실하지만, 우리 내부에 원형적 세계의 직접적 지각이 우리 외부에 물질적인 세계의 지각하는 것만큼이나 의심스럽게 정확하다."151) 자율적 정신의 현시는 융이 표현한 대로 의식을 둘러싸는 사이코이드 아우라psychoid aura로 설명할 수 있겠다.

> 그것(사이코이드 아우라)은 다양한 신의 이미지들을 포함하는 비교적 자율적인 '이미지들'의 세계를 제시하는데 그 이미지들이 나타날 때마다 순진한 사람에게 '신'이라 불리며, 그 이미지들의 신성력(자율성의 등가물)때문에 그런 것으로 받아들여진다.152)

이런 자율적 정신의 출현에서 우리를 고민에 빠지게 하는 것은 일반적으로 쉽게 원형상은 포착할 수 없다는 데 있다. 즉 숨어계신 신Deus absconditus의 문제이다. 신의 대리자, 신상은 늘 그들과 함께 하고 있었지만 베일에 감춰져 있었다. 이런 원형상은 철저하게 비밀스럽다. 그러나 우리의 이야기는 신성한 자율적 정신은 물질세계에서 여전히 활동하고 있고, 우리의 안과 밖의 세계 모두를 그 배경으로 삼고 있음을 강조한다. 여기에서 심리치료란 무엇인가를 묻지 않을 수 없다. 심리치료실을 찾아오는 이들은 아직 의미가 알려지지 않은 심적 내용으로 고통을 호소하고 있고, 다가오

---

151) Jung CG(1989) : 앞의 책, C.W.14, par787.
152) Jung CG(1989) : 앞의 책, par786.

지 않은 낯선 것에 대한 두려움으로 몸부림치고, 지나간 존재하지 않는 망령으로 몸이 경직되어 있다. 이런 의미에서 심리치료는 우리의 안과 밖의 세계에서 숨어계신 신을 발견하고 그 목적 의미를 찾아가는 작업이며, 그 신상과 연결하는 과정이다. 하느님은 사랑이며 두려움이다. 하느님은 매우 찾기 힘들다. 하느님을 발견하는 것은 대단히 중대한 과제이자 어려운 과제이다. 내 안에서 숨어계신 신을 발견하는 자는 자아가 든든해지고, 건강해지고, 풍요로워질 것이다. 내 밖에서 숨어계신 신을 발견하는 자는 겸손해질 것이고, 아름다움을 볼 것이고, 더불어 평화할 것이다. 이 세상에 나 혼자가 아니라 그 신상이 나와 함께 하고 있음을 알게 될 것이다. 세 쌍둥이를 낳아 기르던 한 여성은 육아에 대한 힘든 짐과 세 아이에 대한 죄책감으로 심적 고통을 가지고 있을 때 다음과 같은 꿈을 꾼다.

나는 강물 속에 누워있다. 그런데 커다란 손이 나를 위에서 덮는다. 그런데 유성 같은 것이 하늘로부터 떨어진다. 그 손은 점점 커져 강을 덮어버릴 만큼 커진다. 나는 안전하다고 느낀다.

그녀는 꿈을 깨고 나서 그 손은 하느님의 손임을 직감했다. 정서적 우울 속에서도, 자신 위로부터 떨어지는 어떤 공격과 무거운 짐 속에서도 그녀를 지키고 보호하는 하느님의 손이 있다는 것을 알아차릴 때 힘든 시간을 살아낼 수 있을 것이다. 이런 정신에 대한 지식을 이해하고 그것을 포착하는 것은 삶과 죽음의 문제일 수 있겠다.

제8장 | 나오며 : 우리의 과제

우리의 이야기는 토비야에게 있어서 이중적인 과제, 즉 아버지를 하느님의 빛으로 눈뜨게 하는 일과 고통받는 여성을 치유하고 결합의 작업을 제시한다. 집단의식의 정신 원리가 병들어 통찰력이 사라지고, 더 이상 미래를 전망할 수 없기 때문에 그것은 반드시 갱신되어야 한다. 집단정신의 지배자인 토비트가 눈 먼 것은 편협하고 일방적인 종교적, 인습적 원리인 선만을 추구하며 살았기 때문이다. 이런 일방성으로 그의 내면은 감정 세계와의 연결이 단절되고, 감정적이고, 정서적인 것은 무의식인 형태를 띠며 더욱 경직되었다. 이것이 그가 참새 똥의 공격을 받은 이유이다. 이런 늙고 병든 토비트의 치료는 종교적인 개신의 중요한 의미를 우리에게 던진다. 그는 하느님의 빛, 즉 자기의 의식으로 다시 복원되어 이전과는 다른 변환된 형태의 집단정신의 원리로 다시 활동해야 한다. 이는 포로기 이후 신상이 퇴색되어가고, 종교적인 정체성을 잃어가는 시대 속에서 보상적으로 토비트가 긴급하게 개신되어야만 하는 이유이다. 토빗기는 영원한 상과 전통과 뿌리를 잃어버린 우리 시대에 종교적인 개신의 중요성과 필요를 우리로 하여금 다시금 각인시킨다.

아버지의 개신은 창조적 정신 원리인 아들의 창조성의 문제와 직결된다. 아버지는 아들에 의해 치유되어진다. 토비야가 그 창조성으로 아버지의 재생의 과정을 돕기 위해서 그는 새로운 집단정신원리의 대표주자가 될 만큼 성장해야 하고 강해져야 한다. 토비야의 발전과정은 어머니로부터 분화, 정신적인 측면과 본능적인 측면의 조화, 집어삼키려는 무의식의 충동을 동화하고, 여성적 원리와의 건강한 결합의 작업이다. 부정적이고 파괴적인 남성 원리에 의해 지배당한 여성원리, 미분화되고 원시적인 감정적 요소를 연소함으로서 에로스원리와의 건강한 연합을 이루어낸다. 이런 젊은이의 의식화의 과정은 우리 시대에 중대한 과제이기도 하다. 분화발전하지 못한 수많은 젊은이들이 여전히 무의식의 지배력 안에서 외부세계와 내부세계에 부적절한 적응과 왜곡된 방향성으로 살아가는 것을 쉽게 목격할 수 있다. 그들은 창조성을 실현하지 못함으로써 집단의식의 지배원리를 개신시키지 못하고, 오히려 충돌과 갈등의 형태로, 무의식의 영향 아래에서 자신의 본성과 분리되어 온갖 미분화된 감정과 공상, 탐닉 가운데 살고 있음을 주지해야 한다. 토비야의 의식화 과정은 융이 말한대로, 그의 목적의식을 잃어버리고, "인간의 삶이 왜 희생되어야 하는지, 즉 그 자신보다 더 위대한 이념에 헌신해야만 하는지 잊어버린"153) 우리의 문명에 중요한 의미를 던진다.

무엇보다도 본 소고가 나에게 일깨우는 토비트와 토비야의 변환과정의 정점은 숨어계신 하느님을 발견하는 것이다. 무엇이 현실이고 무엇이 환시인가! 하느님은 물리적 세계 안에서 생생하게 살아 있음을 토빗기는 강렬하게 표명한다. 심리학적으로 말하자면, 이것은 사이코이드^{Psychoid} 사건으로 우리의 안과 밖에서 동일하게 그 영향력을 행사하고 있음을 의미한다. 영원한 상을 잃어버린 우리의 시대, 그래서 그리도 우울하고 강박적이고 불안한 시대 속에

---

153) Jung CG(1969) : *Psychology and Religion*, C.W.11, Princeton University Press, Princeton, par133.

서 어디에서 하느님을 발견할 것인가? 더 이상 위에서가 아니라 아래에서, 우리의 심층에서 숨어계신 하느님을 발견할 수 있을 것이다. 우리의 내면에서, 우리의 꿈과 환상에서, 우리의 일상에서 나의 의도와 힘을 벗어나 더 크게 작용하는 숨어계신 하느님을 알아차릴 때 우리는 다시 건강해지고, 창조적이 될 것이다. "하느님은 내가 가고자 하는 길, 격렬하게 때로 나를 가지 못하게 하는 모든 것들, 즉 나의 주관적인 관점, 계획, 의도를 틀어지게 하고, 좋든 나쁘든 내 삶의 길을 바꾸어 버리는 모든 것이다."154) 하느님은 숨어계신다. 그러므로 찾아야 한다. 찾음은 사랑으로 가능하다. "하느님을 사랑하는 자는 하느님을 알게(경험하게) 될 것이다."155) 안겔루스 질레시우스$^{Angelus\ Silesius}$는 말한다.

> 내가 하느님을 둘러싸면 하느님은 나의 중심이고,
> 내가 하느님 안에 녹으면 하느님은 나의 원주이다.156)

---

154) Jung CG(1975) : *Letters*, vol. 2. Princeton University Press, Princeton, p 525.
155) Jung CG(1969) : 앞의 책, C.W.11, par 732.
156) Jung CG(1989) : 앞의 책, C.W.14, par 284.

■ 참고문헌 ■

Abt T, 이유경 역(2005) : 《융심리학적 그림해석》, 분석심리학연구소, 서울.
Jung CG,(한국융연구원 C.G.융 저작번역 위원회 옮김)(2002a) : 융 기본 저작집 2권《원형과 무의식》, 솔출판사, 서울.
_____,(한국융연구원 C.G.융 저작번역 위원회 옮김)(2004a) : 융 기본 저작집 3권《인격과 전이》, 솔출판사, 서울.
_____,(한국융연구원 C.G.융 저작번역 위원회 옮김)(2007) : 융 기본 저작집 4권《인간의 상과 신의 상》, 솔 출판사, 서울.
_____,(한국융연구원 C.G.융 저작번역 위원회 옮김)(2004c) : 융 기본 저작집 6권《연금술에서 본 구원의 관념》, 솔출판사, 서울.
_____,(한국융연구원 C.G.융 저작번역위원회 옮김)(2006) : 융 기본 저작집 8권《영웅과 어머니원형》, 솔출판사, 서울.
_____,(한국융연구원 C.G.융 저작번역위원회 옮김)(2004b) : 융 기본 저작집 9권《인간과 문화》, 솔출판사, 서울.
_____,Wilhelm Richard, 이유경 옮김(2014) : 《황금꽃의 비밀》, 문학동네, 파주.
Hannah, Barbara, 심상영 역(2017) : 《융심리학과 내면여행》, 한국 심층심리연구소, 서울.
박지명, 이서경 주해(2010) : 《베다》, 동문선, 서울.
샌다즈 NK, 이현주 옮김(2002) : 《길가메시 서사시》, 범우사, 서울
알리기에리 단테, 박상진 옮김(2017) : 《신곡, 지옥편》, 민음사, 서울.
암브로시우스, 최원오 역주(2016) : 《토빗이야기》, 분도출판사, 칠곡.
Edinger Edward F, 김진숙 번역(2015) : 《연금술의 상징과 심리치료-마음의 해부학》, 돈화문출판사, 서울.
_____, 김진숙, 김소영 번역(2016) : 《의식의 창조-이 시대의 융의 신화》, 돈화문출판사, 서울.

에터 한수엘리, 김덕규 옮김(2019) : 《종교들이 평화로울 때/중세 만다라로서 히로나의 창조 태피스트리》, 융심리학 연구소, 서울.

이동진 편역(2103) : "솔로몬의 증언" 《제2의 성서:구약시대》, 해누리, 서울.

이유경(2012) : "적극적 명상에 관하여", 《불교와 심리》. 제5호, 서울.

폰 프란츠 마리-루이제, 홍숙기 옮김(2017) : 《영원한 소년과 창조성》, 한국융연구원, 서울.

_____, 한오수 옮김(2017) : 《꿈과 죽음》, 한국융연구원, 서울.

한국문화상징사전편찬위원회(2006) : 《한국문화 상징사전 1》, 두산동아, 서울.

한국천주교주교회의(2013) : 《주석성경 구약 8 : 토빗기, 유딧기,에스테르기, 마카베오기 상하》, 한국천주교중앙협의회, 서울.

현용준(2005) : 《제주도신화》, 서문당, 서울.

Battistini, Matilde(2007) : *Astrology, Magic, and Alchemy in Art*. Getty Publications, Losangeles.

Chevalier J, Gheerbrant A,(1996) : *The Penguin Dictionary of Symbols*, Penguin Books, London.

Feller Danielle(2004) : *The Sanskrit Epics's Representation of Vedic Myths*, Motilal Banarsidass publishers, Delhi.

Jung CG(1976) : *Symbols of Transformation*, C.W.5, Princeton University Press, Princeton.

_____(1977) : *Two Essays on Analytical Psychology*, C.W.7, Princeton University Press, Princeton.

_____(1969) : *The Structure and Dynamics of the Psyche*, C.W.8, Princeton University Press, Princeton.

_____(1978) : *Aion*, C.W.9ⅱ, The Gresham Press, London.

_____(1970) : *Civilization in Transition* C.W.10, Princeton University Press, Princeton.

_____(1969) : *Psychology and Religion*, C.W.11, Princeton University

Press, Princeton.

_____(1993) : Psychology and Alchemy, C.W.12, Princeton University Press, Princeton.

_____(1983) : *Alchemical Studies*, C.W.13, Princeton University Press, Princeton.

_____(1989) : *Mysterium Coniunctionis*, C.W.14, Princeton University Press, Princeton.

_____(1977) : *The Symbolic life*, C.W.18, Princeton University Press, Princeton.

_____(1973) : *Letters*, vol,2, Princeton University Press, Princeton.

_____(1984) : *Dream Analysis*, Princeton University Press, Princeton.

_____, Jaffe A(1989) : *Memories, Dreams, Reflections*, Vintage Books , New York.

_____, ed, Jattett Jams L(1998) : *Jung's Seminar on Nietzsche's Zarathustra*, Princeton University Press, Princeton.

_____, ed, Shamdasani Sonu(1999) : *The Psychology of Kundalini Yoga*, Princeton University press, Princeton

Matthews B(1993) : *The Herder Dictionary of Symbols*, Chiron Publications, Wilmette.

Mazzarella Adriana(2005) : *In search of Beatrice-Dante's Journey and Modern Man*, Studio in/out, Milano.

Von Franz Marie-Louise(1980) : *Alchemy,* Inner City Book, Toronto.

_____(1996) : The Interpretation of Fairy Tales, Shambhala, Boston.

_____(1999) : *Archetypal Dimensions of the Psyche,* Shambhala, Boston.

_____(2000) : *Aurora Consurgens,* Inner City Book, Toronto.

■ 찾아보기(인명, 지명) ■

- ㄱ -

가르치는 정신 55
가바엘 28, 29, 127, 139
가톨릭 6, 7, 13, 22
간 29, 101, 110-112, 118
감정 15, 19, 20, 44, 45, 49, 50, 52, 53, 60, 61, 67, 70, 76, 88, 105, 109, 110, 111, 114-116, 118, 119, 127, 128, 130, 144, 145
강 20, 29, 77, 92, 93, 120, 121, 135, 142
강님 85
개, 강아지 7, 14, 29, 46, 47, 76, 79, 80-90, 92
개성화, 개성화과정 13, 17, 24, 25, 29, 90, 99, 103, 105, 124, 125
개신 7, 13, 14, 24, 47, 95, 107, 134-139, 144, 145
개신교 7, 19
개인, 개인적 7, 12-14, 18, 24, 32, 34-38, 40, 48, 50, 55, 57, 67, 68, 71, 81, 83, 84, 92, 98, 99, 121, 122, 136
객체 정신 12, 21, 67, 68, 85, 134
검은 가루, _ 대지, _ 물질, _ 외투 19, 59, 60
검은 성모 20
검은색, 검정색 16, 19, 85, 88
격리 33
결혼, 결혼 적령기 124, 125, 139
경전 12
경험심리학 19
계시록 84, 108, 112, 121
고립, 고독 120
고서적 16, 21
고정화, 응고화 32
고양화 118
곡예사 38

공격 49, 57, 60, 82, 83, 87, 119, 130, 142, 144
공기 20, 107
공상, 공상적, 공상적 사고 37, 45, 56, 60, 65, 66, 78, 145
공주, 열국의 어미 139
과대 37, 124
관계성 56, 82, 125
관능적인 41
관조 68, 79
광물 117
광증 82
괘 72
교황권 18
구약성서 22, 52, 53, 106, 135
구원 76, 93, 119-121, 124
구조물 15, 17-19, 115
그리스, 그리스인 32, 41, 82, 97, 107, 108, 127
그리스도 94, 96, 98, 108
그리스어 34, 49, 77
그림 16, 17, 19, 42, 67
그림자 7, 35, 39, 53, 55, 62, 76, 77, 114, 119, 121, 123, 133
근친상간 95, 97
기도 29, 52, 53, 63-70, 73, 74, 76, 123, 124
길가메쉬Gilgamesh 84
길동무 7, 76, 79
깃털 84
꼬리 8

- ㄴ -

나귀 127
나무 16-19, 21, 84, 112
나세르Nasser 120
나일강 107, 120, 121
낙원 93, 107, 112, 120
낙타 127
남근적 17
남성 심리 24, 53
남성상 58, 60
남성성 109, 133
남왕국 32
내장 14, 101
내향성 20
내향화 47, 65
냉혈동물 93
네펠레Nephele 16
노인 86, 87, 135
노현자 86, 87
누미노제 80
눈 14, 28, 30, 79, 85, 111, 120, 128-130, 140, 144
눈Nun 93, 97
니그레도 46, 47, 50, 69, 72
니너베, 니느웨 52, 92

- ㄷ -

다곤Dagon 97
다니엘서 22, 135
단테 38, 46
대 바실리우스Basilius Magnus 13
대극 18, 44, 49, 62, 71, 82, 98, 119, 121, 125, 128-130, 135
대극의 일치 120, 대극의 짝 38, 135
대기성 118
대분열의 시기Great Schism 18

도 46, 64
도른Dorn 25
도시 국가 18
독 47, 83, 110, 130
돈 14, 29, 127, 140
동로마제국 18
동물 24, 41, 61, 77, 79, 80-82, 86, 97, 90, 106-110
동시성, 동시성적 현상 52, 71, 72
동양인 67, 68, 73
동양, 동양적, 동양종교 67, 68
동정 38, 39, 48
두려움 20, 82, 87, 140, 142
등 14
디아나Diana 82
디오르포스Diorphos 97
딸 52, 54, 56, 57, 61, 62, 78, 101, 107
떠오르는 새벽빛Aurora consurgens 117
똥 7, 28, 37, 40, 46, 47, 130, 133, 144

- ㄹ -

라Ra, 레Re 107
라구엘 52-54, 101, 106, 127, 139
라파엘 14, 23, 29, 30, 69, 75-79, 94, 97, 101, 105, 121, 123, 127, 128, 133, 140
랍비 73, 74
로고스 35, 61, 82, 87, 90, 118
로마, 로마인 82, 108, 135
로이스너Reusner 17
르네상스 18
리그베다 65
리비도 17, 65, 93-95
리워야단Leviathan 96
리키아Lycia 97

-ㅁ-

마니푸라 차크라Manipura chakra 109
마이스터 에크하르트Meister Eckhart 25, 78
마차 53
마카베오 135
마틴 루터 18
머리 17, 61, 82, 88, 107, 108
메디아 28, 52, 92, 101
메르쿠리우스 17
메시야 96, 120
명상 67-69
모네타Moneta 127
모성, 모성상, 모성성 17, 56, 89, 94, 111
모세 93, 112, 120
모세오경 22
목 29, 32, 35, 52, 63
목성 19, 110
목소리 69, 88, 89
무속신화 85
무염시태Immaculate Conception 96
무의식 19, 21, 23, 25, 35, 37, 38, 40, 44, 49, 50, 56, 59, 60, 61, 65-69. 80, 81, 87, 89, 91-99, 102-105, 107, 111, 113, 115-118, 120, 121, 123-125, 128, 130, 133, 136, 137, 139, 144, 145
무저갱Abyss 121
무채색 19
문명 55, 73, 80, 91, 92, 136, 145
물 86, 92, 95, 96, 98, 112, 113, 131, 123, 130, 142
물고기 7, 14, 15, 18-21, 29, 30, 92-98, 101, 108-110, 118, 119, 129, 130, 133
물질, 물질성 19, 35, 44-46, 60, 69, 72, 72, 79, 91, 110, 112, 113, 118, 130, 133, 136, 140, 141
민담 23, 40, 53, 81, 110

-ㅂ-

바다 20, 93, 96, 133
바람 40, 66, 107
바리새파 136
바바라 한나Barbara Hannah 24, 67
바빌로니아 32, 108
반신반인 80
발작 82
방향상실 47, 50
배설물 46
배정 50, 71, 72, 102, 104
백년전쟁 136
백설공주 18
뱀 17, 53, 93, 130, 133
번제물 106
베다 신화 108
벨릿 세리Belit-Sheri 84
별주부전 110
보조적 기능 76
부성 콤플렉스, 부성상 54-59, 70, 76, 118
부적응 56, 85, 87, 90
북극성 53
북왕국 32
분노 32, 33, 53, 87, 113, 115
분리 20, 33, 50, 69, 77, 91, 92, 113, 115, 121, 123, 145
분석가 72, 123
불 32, 89, 108, 109, 112-117, 123
불의 세례 117
브라흐마 111
비가시적 본질 68
비둘기 136
비슈누 94
비슈다 차크라Visuddha chakra 35
빛, 신의 빛 47, 72, 76, 117, 120, 127, 133, 137, 138, 144
빛의 스펙트럼 20

-ㅅ-
사고 12, 40, 45, 60, 61, 63, 68, 81, 83, 86, 88
영의 사고, 신의 사고 17
사냥 81, 82
사냥개 83
사도행전 116
사두개파 136
사드빔샤 브라흐마나 108
사랑 13, 39, 41, 42, 44, 47, 83, 94, 105, 142, 146
사마베다 108
사막, 에레모스 120. 121
사위 48, 54, 110, 129
사이코이드psychoid 79, 140
사이코이드 아우라 141
사자의 서 84
산 14, 15, 17, 107, 112, 115
산헤립 28
살색 88, 89
상반된 20, 77
상승 118
상징 14, 17, 19, 21, 41, 94, 98
새 40-42, 60, 77, 129, 133
샘 17
생명 14, 17, 20, 60, 62, 70, 73, 76, 80, 89, 93, 95, 106, 107, 110, 121, 128
생식력 109
서구인 73
선, 선함 33, 34, 38, 42, 48, 77, 108, 119, 121, 130, 144
선험적 지식 85
섭리 101-105, 140
성교 88, 89
성령 116
성문서(시가서와 지혜서) 22
성서 12-14, 22, 41, 77, 101, 112
성적 환상 45

성찬 20, 96
성탄 설교 25
세례 20, 92, 117
세족의식 92
셈족 97
소금 20
소년 135
솔로몬의 증언 53
수로보니게 97
수소 112
수탉 47
숨겨진 자 107
숨어계신 신Deus absconditus 141, 142
숫양 106-109, 127
숲 17, 137
승화 69, 113, 118, 125
시내산 112
시대정신 135
시대적 12, 22, 125
시신 28, 35, 38
시왕경 84
식물 117
신경증 98, 104
신곡 38, 46
신성한 경험 13, _ 패턴 140
신의 빛 133, 137, 138
신의 의식화, 분화 105
신화 12, 40, 53, 63, 77, 80, 84, 107, 108
실명 7, 37, 40, 47, 48, 106
심리 만능주의 12
심리치료 141, 142
심장 84, 110-112, 118
심판 32, 39, 4, 112, 113, 116
심혼, 심혼의 진술, 심혼의 표현 12, 68
십육세기, 16세기 16, 18, 19

십자군 전쟁 18
쌍어궁 94, 129
쓸개 29, 30, 101, 129, 130

- ㅇ -
아그니 108, 109, 117
아나하타 차크라Anahata chakra 111
아누비스Anubis 82, 84
아니Ani 84
아니마 44, 47, 49, 50, 53, 78, 95, 118
아니마 추출extractio animae 118
아니무스 24, 49, 50, 55-57, 61, 62, 118, 119
아도니스Adonis 97
아따라 아르치카 108
아라투스Aratus 87
아몬Amon, 아문Amun 107
아버지 14, 25, 28-30, 52-57, 60-63, 70, 76, 85, 86, 90, 97, 123, 124, 127-129, 134-137, 139, 140, 144
아브라함 106, 139
아스모데우스 52-54, 109, 110, 119, 121, 122, 133
아스클레피오스Asklepios 82
아스타르테Astarte 94
아시리아 22, 28, 32, 52
아우구스티누스 13, 25
아이 15, 114, 139, 142
아이온 93
아즈텍 46
아키카르Achiacharus 22, 28, 34
아타르가티스Atargatis 94, 97
아타마스Athamas 107
아포카타스타시스αποκαταστασις 131
아프로디테 41, 83, 94, 129, 130
악 13, 38, 42, 77, 119, 121, 130

악귀, 악마 14, 20, 52, 53, 57, 76, 101, 118, 120-123, 127
악타이온Actaeon 83
안겔루스 질레시우스Angelus Silesius 146
안나, 한나 28, 29, 48, 49, 79
안내하는 정신spiritus rector 98
안트로포스 133
안티오쿠스 4세 에피파네스 Antiochus IV Epiphanes 135
알드로반두스Aldrovandus 17
알베도, 백화Albedo 20
암브로시우스Ambrosius 13
암탉 47
애도 20
야주르 베다 108
야훼 32, 77, 107, 139
양성적 17
양자리 107, 108
얼음 20
에덴동산 92, 130
에드워드 에딘저Edward Edinger 106
에로스, 에로스 원리 41, 45, 56, 60, 61, 82, 83, 90, 118, 119, 130, 145
에세네파 136
에제키엘 77
엑바타나 29, 52, 106
엔키두Enkidu 84
엔티아entia 12
엘EI 139
엘레판틴Elepantine 22
엘로힘Elohim 29
여덟 번째 62
여성상 15, 76, 89, 115
여성적 원리 18, 45, 61, 70, 119, 145
여호수아(성서) 22,
여호수아(인물) 93

찾아보기 155

역경 72
역사서 22
역설적 20, 41, 47, 97, 98, 130, 133
연금술 20, 33, 46, 62, 68, 69, 92, 113, 118, 131, 133, 137
연금술사 15, 46, 68, 69, 83, 135
연기 14, 112, 118
연상 20, 60, 67, 83
연소 112, 113, 115, 116, 118, 127, 145
열등 35-38, 53, 61, 62, 68
열쇠 121
염라대왕 84, 85
염소 28, 48, 120
염통, 심장 29, 84, 101, 109, 110-112, 118
영, 자연의 영. 나무의 영 17, 69, 118
영역적인 측면 82
영원성 20
영원한 상 136, 137, 144, 145
영원한 탄생 25
영혼의 수호자 77
영혼의 인도자 82, 85
예수 92, 108, 112, 116, 120, 133, 138
예술 18
예언서 22
예언자 112
오르포스Orphos 97
오스만 제국 18
오시리스 84
오아네스Oannes 97
완전한 인간 45
완충 작용 128
왕관 17
외경 7, 13, 23, 53, 77
요나서 22
요정 17
요한 112

용광로 33, 112
용기 17, 18, 96
용왕 110
우울 19, 20, 47, 50, 59, 104, 136, 142, 145
우유 20, 106
운명애 104
원초적 질료 46, 47, 60, 69
원초적 창조자 65
원형, 원형적, 원형상 12-14, 20-24, 34, 38, 50, 53, 55, 65, 72, 76, 78-80, 97, 98, 102, 107, 116-119
원형적 그림자 53, 55, 76
원형적 에너지 107, 116, 117
원형적 지혜 91
유니폼 59
유혹 130
유화 16, 19
육욕 41, 94
융C.G. Jung 12, 17, 35, 38, 42, 57, 61-65, 67, 68, 71, 73, 78, 92, 93, 99, 104, 130, 133, 137, 138, 141, 145
음과 양 68
응고 32
의례화 12
의로움 7, 13
의무 37, 38, 60, 73
의미있는 질서 20
이노Ino 107
이븐 우마일Ibn Umail 82
이산화탄소 112
이슈타르Ishtar 94
이스라엘 22, 32, 33, 135
이승 82, 83, 85
이시스 19
이중적 특성 7, 19, 77
이집트 신화 82
이행 20, 80

익투스Ichthys 29
인과율 102
인드라 109
일방성 7, 38, 40, 53, 70, 73, 144

-ㅈ-

자궁 17, 19
자기the Self 12, 13, 32, 39, 66, 72, 73, 76, 77, 79, 98, 99, 104, 105, 117, 133, 134, 144
자기맹왕 41
자선 7, 13, 28, 30, 33, 48
자아 15, 21, 25, 42, 58, 64-71, 73, 76, 77, 86, 87, 89, 90, 96, 105, 114-117, 124, 125, 133, 138, 142
자아 팽창 38
자연을 거스르는 작업opus contra naturam 120
자연의 성장하는 원리Physis 133
자연적 성장 17
자오선 18
자외선 20
자웅동체 83
자칼 머리 82
작용 12, 23, 35, 44, 55, 56, 79, 80, 96, 97, 102, 110, 119, 121, 128, 146
장례 20
장자 46
재탄생 20, 65, 95
저승 82-85
적극적 상상 7, 66, 67, 68, 70, 74
전이의 심리학 42
전쟁 18, 135
전체성 62, 76, 91, 98, 131, 133
전통 상여 14
전통적 12, 22, 33, 34, 50, 52, 53, 55, 63, 67
절대지 72, 85, 134

정경 7, 14
정류장 15
정서 19, 20, 21, 39, 44, 46, 60, 53, 67, 87, 88, 90, 113, 115, 116, 119, 121, 129, 136, 142, 144
정수 82, 129, 133
정신 13, 14, 18, 32-35, 55, 56, 70, 77, 79, 80, 87-92, 99, 109, 110, 113, 129, 135, 136, 137-142
정신적 에너지 34
정화 14, 15, 20, 58, 92, 96, 112, 113, 118
제우스 107, 108
종교개혁 18
종교적 제의 20
종교적 태도 65, 66, 74, 81
종교적인 개신 138, 139, 144
죽음 15, 18-20, 35, 40, 64, 70, 83-85, 97, 112, 134, 142
중세 18, 41
증발 113, 118
지북유 46
지상적인 측면 429
집단 무의식 13, 21, 70, 79, 134
집단정신 7, 13, 14, 34, 37, 38, 40, 45, 50, 70, 76, 95, 99, 109, 123, 134, 136, 139, 144
집단의 의식화 13, 18
집단적 공유 23
집단적 의식, 집단의식 21, 24, 37, 38, 40, 47, 53, 55, 70, 76, 92, 95, 98, 119, 125, 127, 128, 137, 138, 139, 144, 145
짜라투스트라 38, 104
찌꺼기 112

-ㅊ-

차가움 20
차사 본풀이 85

참새 28, 37, 40-42, 44-47, 129, 130, 133, 144
창녀 88, 89
창조적 행위 47
창조적인 작업 14, 15, 18, 19
책 16, 19, 21, 81, 84, 85
천동설적 세계관 18
천사 14, 29, 30, 72, 76-79, 121, 140
천상적인 측면 41
철학자 47
철학자의 나무 17
초개인적인 영 40
초공본풀이 41
초심자 33
최악의 저주 37
추출 20, 107, 118
춘분점 107
출애굽 공동체 120
충동 36, 60, 77, 80, 87, 90, 108, 109, 113, 115, 119, 121, 125, 136, 144
치료제 46, 110
치유 14, 20, 76, 77, 82, 103, 104, 118, 119, 130, 144
칠, 숫자 7 62,
칠십인역 22
침전물 21

-ㅋ-

카토케κατοχη 33
케르베루스Cerberus 82
케스토스 히마스Kestos Himas 8
코 82
코라신Corascene 83
코란 93
코마 83
코마리오스Komarios 117
쿤달리니 요가 109
퀴스나하트 123

크눔Khnum 107

-ㅌ-

타파스Tapas 65
탄소 112
태양 34, 61, 90, 107-110, 129, 137, 138
태양 왕King Sol 137, 138
테트라메리아tetrameria 131
토라 77
토비야 14, 23, 24, 28-30, 60, 70, 76, 79, 90, 92, 94-96, 99, 101, 105, 106, 109, 112, 119, 122-125, 127-129, 133-135, 139, 140, 144, 145
토비트 14, 22-24, 28-30, 32-35, 37, 38, 40, 44, 47-50, 52-54, 63, 64, 66, 67, 68, 70, 71, 76, 79, 106, 127, 129, 130, 131, 133, 134, 135, 137, 139, 140, 144, 145
토빗기 13, 14, 22-24, 32, 53, 135, 137, 139, 144, 145
토트Thot 84
통과의례 20
퇴행 56, 95, 116
투르바Turba 32
트리엔트 공의회 18
티그리스 29, 92, 93
티마이오스Timaeus 112
티폰Typhon 94, 108

-ㅍ-

파괴적인 신성화, 정신화 63
파라켈수스 113
파랑 16, 19, 20
판도라Pandora 17
판사 87
페르조나 55, 56

페스트pest　18
포로　28, 32
포로됨, 사로잡힘　32, 33
포세이돈　94
폰 프란츠　16, 21, 32, 47, 57, 81, 82
풍요　46, 62, 107, 108
프라자파티prajapati　65
프릭소스Phrixus　107
필라레테Philalethe　69

황금 털　107
황도, 12궁　18, 107, 108
햇불　14, 17
휘발성　32, 33, 69, 112
흰색　16, 19, 21, 84
히브리어　49, 53

- ㅎ -

하느님의 뜻　140
하느님의 보상　13
하늘　20, 30, 59, 77, 84, 107-109, 133
하데스　82
할머니　88-90
함무라비Hammurabi　108
해리　59
해와 달의 합일　125
행기 못　85
행성　110
향　109
헬리콥터　59, 60
현시　12, 102, 108, 140, 141
형이상학　19, 64
호렙산　112
호의　28, 49, 87
호흡　40, 129
혼　47
혼돈　20, 36, 46, 47, 50, 60, 69, 136
혼인　29, 30, 101, 106, 127, 140
홈통　17
화성　18
확충　81, 83
활성화　60, 62, 65, 68, 69, 83, 87, 89, 90, 96, 98, 134